THINK TANK
REPORT

关于舟山群岛新区“十三五”若干重大战略问题研究

Study on Several Major Strategic Issues
in the13th Five-Year Period of Zhoushan Islands

孙福庆 / 编著

上海社会科学院出版社
SHANGHAI ACADEMY OF SOCIAL SCIENCES PRESS

课题组成员

顾　问：王　战　上海社会科学院院长　教授

周伟江　舟山市常务副市长

组　长：孙福庆　上海社会科学院部门经济所所长　研究员

副组长：郁鸿胜　上海社会科学院部门经济所副所长　研究员

李　湛　舟山群岛新区发展研究院院长　教授

应仲民　舟山市发展与改革委员会副主任

课题组成员：

陈建勋　上海社会科学院部门经济研究所副研究员

王秀治　上海社会科学院部门经济研究所副研究员

王晓娟　上海社会科学院部门经济研究所副研究员

张　彦　上海社会科学院部门经济研究所副研究员

李　娜　上海社会科学院城市与人口发展研究所副研究员

应仲民　舟山市发展与改革委员会副主任

沈　冰　浙江舟山群岛新区发展研究院

桂海滨　浙江舟山群岛新区发展研究院

郭　进　上海社会科学院博士

张　岩　上海社会科学院博士后

刘　靖　上海社会科学院博士

唐一帆　上海社会科学院博士

序　言

"十三五"时期是全面建成小康社会最后冲刺的5年，也是全面深化改革要取得决定性成果的5年。在这5年里，新的科技和产业革命将对经济社会发展产生深刻影响，同时经济转型和增长进入新常态，也将对经济社会发展带来一系列新挑战。对舟山群岛新区而言，"十三五"是其发展能否取得突破的最重要的5年，为把舟山群岛新区建设成为国际江海联运中心、我国大宗商品储运中转加工交易中心、东部地区重要的海上开放门户、重要的现代海洋产业基地、海洋海岛综合保护开发示范区，必须抓住"十三五"这一重要战略机遇期，聚焦若干个对舟山群岛新区发展将会产生重大影响的问题，对这些重大问题进行深入的研究，找到破解这些问题的路径，为"十三五"时期舟山群岛新区补短板、增后劲、促均衡、上水平提供支撑。

本课题研究根据习近平总书记、李克强总理关于舟山建设国际江海联运中心的指示精神，对舟山"十三五"期间的发展定位、发展思路、发展体系进行研究，课题组认为，舟山"十三五"的发展战略定位应从更高的国家战略层面出发，兼顾与周边区域的互联互动，调整城市发展思路，构建起新的发展战略体系。具体地讲，舟山"十三五"发展战略重点应在国家战略的指导下，在浙江省"十三五”规划的要求下，重点做好与上海“十三五”发展的对接联动战略规划。本报告将重点论述舟山“十三五”发展战略中对接长江流域、对接上海发展的相关研究内容。本报告研究内容包括六个部分。

第一部分为关于舟山“十三五”发展战略内涵，论述了“十三五”期间舟山在落实国家战略和对接上海发展方面有五项战略内涵，即：舟山“十三五”发展必须落实国家战略，必须建立接轨上海的合作与交流示范基地，必须做好舟山与上海两地发展的战略对接，上海舟山两地发展模式和推进路径互补，上海与舟山两地国家战略互相支持，落实好这五个发展战略内涵，可实现上海与舟山“双赢”的格局。

第二部分为“十三五”期间舟山在长江经济带建设中的功能定位。分析了长江经济带发展的基本态势、长江经济带的战略定位，提出了舟山发展面临的新的要求和新的发展机遇，以及新的功能定位。客观评价了舟山在长江经济带中的发展现状及有待解决的主要问题，即：江海联运初具规模、服务功能有待提升，对外开放有所突破、开放层次需要加强，城市联动初显成效、合作机制亟待加强，生态保护成效显著、示范效应尚需扩大。分析了舟山在长江经济带发展中的优势和劣势，将舟山在长江经济带的功能定位为长江黄金水道江海联运服务枢纽、长江经济带重要的海上开放门户、长江经济带城市联动合作实验区、长江经济带海岛绿色开发示范区，根据这一功能定位，提出了舟山融入长江经济带发展的四条主要路径，即以江海联运为纽带打通经济走廊，以对外开放为核心促进内陆开发，以城市合作为支点实现互联互通，以海岛生态为依托扩散示范效应，并提出了对策与建议：(1) 打造江海联运服务中心，提高港口服务能级；(2) 拓宽对外开放，提升开放层次；(3) 加强城市联动，创新区域合作；(4) 建设生态城市，扩大示范效应。

第三部分为“十三五”期间舟山与上海国际航运中心联动发展思路。全球经济格局调整转型，催生了舟山江海联运服务中心建设发展，国家沿海战略地位日益突出，提升了舟山江海联运服务中心重要地位。舟山江海联运服务中心的建设，有利于构筑长江经济带战略支撑点，有利于服务长三角，有利于上海国际航运中心建设，有利于舟山群岛新区发展，有利于实现上海港、舟山-宁波港的错位联动发展。国际上港口间的联动发展主要体现在港口群与组合港的联动发展，这已成为世界许多国家航运发展的重要组成部分。在借鉴部分国家港口联动发展经验的基础上，提出了舟山江海联运服务中心“四化”的发展目标，即枢纽化、国际化、服务化和区域化，提出了“四互”的发展思路，即互联发展、互补发展、互通发展和互享发展。根据这一发展目标和发展思路，提出了舟山江海联运服务中心与上海国际航运中心联动发展思路与路径，给出了政策建议，即加强航运服务基础设施建设、实现多种运输方式的信息化衔接、完善现代航运服务发展配套支持政策、加速培养复合型的国际化高端航运服务人才、完善江海联运服务中心保障措施。

第四部分为舟山群岛新区对接中国(上海)自由贸易区。中国(上海)自贸区作为我国对外开放的重要窗口，将吸引大量的物流、资金流、信息流在此集散，对周边区域形成巨大的虹吸效应和辐射效应。舟山群岛新区毗邻上海自贸区的重要区域之一——洋山保税港区，如何利用区位、资源、政策，实现与上海自贸区的有效对接，形成联动效应，是舟山未来发展中需要研究的重要问题。本部分包括四方面的内容：(1) 分析舟山对接上海自贸区的内外部条件；(2) 提出舟山对接上海自贸区的功能定位与基本思路；(3) 针对重点对接领域展开分析；(4) 提出相关的政策建议。

第五部分为促进浦东、舟山两大新区合作，推动海洋经济发展。浦东新区与舟山群岛新区行政级别相同，在地理位置上同处中国东部黄金海岸线与长江黄金水道的交汇处，同为东部沿海和长三角区域走向世界的主要门户。如何处理与浦东新区之间的竞合关系，找准双方合作发展的切入点和重点领域，是舟山在新一轮发展过程中需要研究解决好的重要问题。从目前国家对舟山群岛新区的定位来看，海洋经济，正是两大新区可以拓展合作、实现共赢发展的主要纽带和依托。通过比较分析，提出了两大新区具备合作发展潜力的六大重要领域，即港口航运领域、现代海洋产业领域、海洋旅游领域、海洋渔业领域、海洋科学教育领域和海洋生态环境保护领域。提出了促进两大新区合作发展海洋经济的政策建议。

第六部分为舟山新区"十三五"扩大开放的思路对策与重点项目。舟山新区区位条件独特，是长江经济带战略支点，也是海上丝绸之路重要节点。一方面，21世纪海上丝绸之路建设需要一个海洋经济开放区；另一方面，长江经济带战略需要一个海上开放门户和战略支点。舟山新区具备扩大开放的独特优势、最佳条件和必备基础。舟山“船小好调头”，实施开放政策风险最低；同时，作为我国唯一深入太平洋的城市，群岛型环境自然封隔，监管成本低，对内地产生冲击小。扩大开放是一种突破性的政策资源，有利于舟山新区集聚资源和人才。舟山新区可以通过扩大开放走出一条周边地区不可模仿和难于竞争的发展道路，并对周边地区发挥带动引领作用，成为区域发展的增长极。鉴于此，本部分提出了舟山新区“十三五”扩大开放的六大目标和对策，筛选出了10个重点突破项目，突出了扩大开放的三个重要领域。

孙福庆

目　录

按照习近平总书记视察舟山时的指示精神，舟山“十三五”期间，将进一步把海洋经济这篇文章做深做大，将进一步把舟山打造成为长江经济带的蓝色通道，舟山的发展正面临着重大的历史性机遇，舟山“十三五”的发展战略定位应从更高的国家战略层面出发。按照习近平总书记、李克强总理关于舟山建设国际江海联运中心的指示精神，我们认为舟山应调整城市发展思路，构建起新的发展战略体系。

同时，上海在“十三五”规划中已经深深认识到，上海本身区域结构的调整、产业结构的调整，离不开与周边地区的互联互动，离不开与周边地区规划的对接。

因此，舟山“十三五”发展战略重点应在国家战略的指导下，在浙江省“十三五”规划的要求下，重点做好与上海“十三五”发展的对接联动战略规划。本报告将聚焦舟山群岛新区“十三五”发展中的若干重大战略问题进行研究。

一、关于舟山“十三五”发展战略内涵

我们认为，“十三五”期间，舟山在落实国家战略和对接上海发展方面有五项战略内涵。

（一）舟山“十三五”发展必须落实国家战略

建设国际江海联运中心，是我国“一带一路”倡议的有机组成部分，是长江经济带建设的重要战略极点，是国家战略的需要。因此，建设好中国（舟山）国际江海联运中心，不仅是舟山的大事，更是浙江、上海、江苏及长江流域各省市的大事，舟山国际江海联运中心建设的主体是长江流域 11 个省市，主要的合作对象是江浙沪沿江重要的物流节点地区，舟山“十三五”的发展必须在国家战略的旗帜之下，取得长江流域各省市的全力支持配合，舟山是唯一的建设载体，是国际江海联运中心建设的主体之一。

（二）建立接轨上海合作与交流示范基地

习近平总书记要求上海要做好长江流域合作与交流的龙头，从上海来说，"十三五"期间，上海将继续作为长江流域发展的龙头，但按照总书记的要求，其龙头的内涵已经发生变化，"十三五"期间，上海的"龙头"内涵包括：制度试验推广的龙头，将中国（上海）自贸区经验率先向长江流域转移、复制、推广；江海航运的龙头，推动内河船舶直达洋山港，带动长江航运；开放经济的龙头，上海通过提高市场开放度和贸易便利化水平，带动形成对内、对外全面开放新格局；通过科技创新中心建设，形成创新与投资的龙头。

围绕上海龙头内涵的变化，舟山"十三五"期间应该积极对接上海自贸区建设、积极对接上海江海航运建设、积极参与上海对外开放体系建设、积极利用上海科技创新中心建设的机遇，在海洋科技与海洋产业发展方面取得新突破。

从舟山来说，"十三五"期间应成为接轨上海的合作与示范基地，从而争取拿到先试先行政策、拿到实实在在的接轨项目、拿到先试先行的权利，比如多规合一的规划权、上海交通运输跨界跨区域的对接权、自贸区开放制度试验的首位承接区、项目招商引资跨区域合作的示范区等，成为浙江对接上海最重要的战略支点。

（三）做好舟山与上海两地发展的战略对接

首先，上海国际航运中心建设面临进一步深化的要求。2014年9月发布的《国务院依托黄金水道推动长江经济带指导意见》指出，上海航运中心建设要突出“三个服务”：为长三角一体化服务、为长江经济带及海上丝绸之路服务、为中国全方位对外开放服务。

其次，上海国际航运中心建设要为江海联运的战略服务，江海联运战略是上海国际航运中心深化建设的重要内容。上海国际航运中心建设的终极目标是：2050年建设具有全球影响力和话语权的国际航运中心；基础目标是：至少在“十三五”应坚持保持上海港港口吞吐量全球第一的位置；中间目标是：合理布局超前规划上海国际航运中心的基础设施（包括洋山的深度开发）、优化运输结构、提升航运价值链。根据《国务院依托黄金水道推动长江经济带指导意见》中关于长江航运的预测，货运量将从2013年的179亿吨增长到2020年的270亿吨，年均增长6%，因此，上海差不多也将会有4%—6%的增长，2020—2030年预计有3%—5%的增长。目前上海已经初步规划：2020年实现4 000万TEU，重点建设腹地型和服务型国际航运中心，2030年实现6 000万TEU，建成具有一定全球航运资源配置能力的国际航运中心、航运金融保险和专业服务中心。2050年建成主导全球航运市场的国际航运中心。

因此，舟山国际江海联运中心建设与上海江海联运中心建设及洋山的深度开发目标完全一致，舟山国际江海联运中心建设战略也因此成为两地发展战略目标对接的需要。

（四）上海与舟山两地发展模式和推进路径互补

上海国际航运中心在推进过程中，选择腹地型和高端服务型发展模式，在货物集散上以服务长三角城市群和长江经济带腹地为主，兼顾国际水水中转。在推进路径上，将进一步夯实长三角腹地，充分利用长江黄金水道和港口组合优势，打通海陆空交通制约，借力上海自贸区贸易便利化建设，利用空、铁、陆、江联运优势，特别是空港的优势，推进物流效率的提升。在发展重点上，上海国际航运中心建设的重心将集中在高端航运服务业，加强航运服务业产业链建设，提升航运要素集聚能力和能级，提升上海国际航运中心软实力上。

舟山将重点发展大宗货物运输、石油产品储存交易运输、水水中转等优势，同时在时机较为成熟的时候，将舟山机场与浦东机场自贸区航空运输体系相结合，形成生鲜物品的冷链运输系统。

（五）上海与舟山两地国家战略互相支持

上海有自贸区建设和国际航运中心建设的国家战略，舟山的国际江海联运中心建设也是国家战略，两个地区的国家战略要密切配合，成为国家海洋战略的有机组成部分。舟山的战略意义很明确，是沟通舟山群岛新区与长三角北部都市圈的桥梁、是长三角地区十横七纵高速公路网的重要延伸和补充，是保障石化产业发展的运输通道、是国防战略通道；上海自贸区政策应该覆盖舟山国际江海联运中心建设的重要区域。

在自贸区总体方案中，专门论述了自贸区框架下上海国际航运中心的发展，共涉及五个方面，即扩大开放水平、创新航运政策、拓展中心功能、提升服务水平、加强基础建设。目前已经推行或开始试验的涉及江海航运的政策有：提高上海港中转能力（推进中转集拼业务，允许中资公司拥有或控股非五星旗船）、空港联运、推进集聚（放宽国际船舶运输企业外资准入）、推动航运模式创新（启运港退税、航运运价指数衍生品交易业务）、航运金融创新等。

上海自贸区政策的延伸覆盖，将使洋山成为上海自贸区与浙江对接的核心区（战略性物资交易、中转、储备、加工等），完善自贸区政策中对战略性物资的贸易政策，完善新江海联运服务贸易的规则。

二、“十三五”期间舟山在长江经济带建设中的功能定位

2014 年 9 月，国务院颁布《依托黄金水道推动长江经济带发展的指导意见》，长江经济带建设正式上升为国家战略。舟山作为长江经济带重要城市之一，具有通江达海的区位优势。2014 年 11 月，李克强总理赴浙江考察指出，舟山和大小洋山港是长江经济带这条龙的“两只龙眼”，并设立了舟山江海联运服务中心，成为长江经济带和长三角发展的又一个战略支点。为此，研究舟山在长江经济带中的作用与定位，对于推进长江经济带建设，对于落实国家对舟山发展提出的新要求，具有重要的现实意义。

（一）长江经济带发展的基本态势及重大意义

1. 长江经济带发展的基本态势

（1）建设长江经济带的重要意义

长江经济带覆盖上海、江苏、浙江、安徽、江西、湖北、湖南、重庆、四川、云南、贵州11省及直辖市（以下简称省份），面积约205万平方千米，人口和生产总值超过全国的40%。长江经济带横跨我国东中西三大区域，具有独特优势和巨大发展潜力。改革开放以来，长江经济带已发展成为我国综合实力最强、战略支撑作用最大的区域之一。

在国际环境发生深刻变化、国内发展面临诸多矛盾的背景下，依托黄金水道推进长江经济带发展，有利于挖掘长江中上游广阔腹地蕴含的巨大内需潜力；有利于优化沿江产业结构和城镇化布局；有利于推进长江上中下游优势互补；有利于建设陆海双向对外开放新走廊；有利于保护常态生态建设，引领全国生态文明建设。发展长江经济带对于全面建设小康社会，实现中华民族伟大复兴的中国梦具有重要现实意义和深远战略意义。

（2）长江经济带的战略定位

长江是货运量位居全球内河第一的黄金水道，长江通道是我国国土空间开发重要的东西轴线，在区域发展总体格局中具有重要战略地位。《依托黄金水道推动长江经济带发展的指导意见》明确指出长江经济带战略定位：

一是具有全球影响力的内河经济带。发挥长江黄金水道的独特作用，构建现代化综合交通运输体系，推动沿江产业结构优化升级，打造世界级产业集群，培育具有国际竞争力的城市群，使长江经济带成为充分体现国家综合经济实力、积极参与国际竞争与合作的内河经济带。

二是东中西互动合作的协调发展带。立足长江上中下游地区的比较优势，统筹人口分布、经济布局与资源环境承载能力，发挥长江三角洲地区的辐射引领作用，促进中上游地区有序承接产业转移，提高要素配置效率，激发内生发展活力，使长江经济带成为推动我国区域协调发展的示范带。

三是沿海沿江沿边全面推进的对内对外开放带。用好海陆双向开放的区位资源，创新开放模式，促进优势互补，培育内陆开放高地，加快同周边国家和地区基础设施互联互通，加强与丝绸之路经济带、海上丝绸之路的衔接互动，使长江经济带成为横贯东中西、连接南北方的开放合作走廊。

四是生态文明建设的先行示范带。统筹江河湖泊丰富多样的生态要素，推进长江经济带生态文明建设，构建以长江干支流为经脉、以山水林田湖为有机整体，江湖关系和谐、流域水质优良、生态流量充足、水土保持有效、生物种类多样的生态安全格局，使长江经济带成为水清、地绿、天蓝的生态廊道。

2. 长江经济带给舟山发展带来的机遇与挑战

舟山作为长江黄金水道与海洋运输贯通的接点，是长江流域江海联运的大关口，在长江经济带发展中，凭借其卓越的港口和区位条件，发挥着重要作用。长江经济带发展将给舟山发展带来新的机遇与挑战。

(1) 对舟山发展提出了新的要求

国务院颁布的《依托黄金水道推动长江经济带发展的指导意见》共有9处提及舟山及舟山港。主要体现在三个方面：

一是舟山港的发展定位及功能。提升上海港、宁波-舟山港、江苏沿江港口功能，加快芜湖、马鞍山、安庆、九江、黄石、荆州、宜昌、岳阳、泸州、宜宾等港口建设，完善集装箱、大宗散货、汽车滚装及江海中转运输系统。

二是提升长江三角洲城市群国际竞争力。推进苏南现代化建设示范区、浙江舟山群岛新区、浙江海洋经济发展示范区、皖江承接产业转移示范区、皖南国际文化旅游示范区建设和通州湾江海联动开发。优化提升沪宁合（上海、南京、合肥）、沪杭（上海、杭州）主轴带功能，培育壮大沿江、沿海、杭湖宁（杭州、湖州、南京）、杭绍甬舟（杭州、绍兴、宁波、舟山）等发展轴带。

三是完善油气管道布局。完善长江三角洲、长江中游、川渝云贵地区原油、成品油输送管道以及区域天然气管网，加快油气管道互联互通，形成以沿江干线管道为主轴，连接成渝城市群、长江中游城市群、长江三角洲城市群的油气供应保障体系。重点规划建设浙江舟山LNG(液化天然气)加注站和江苏金坛、刘庄、淮安储气库。总之,舟山要进一步落实《依托黄金水道推动长江经济带发展的指导意见》重点在港口建设、城市联动和油气布局等方面提出的新要求。

(2) 对舟山发展赋予了新的功能定位

从区位来看,舟山在长江经济带中区域优势独特,处于我国南北海运大通道和长江黄金水道的“T”形交汇要冲,作为大陆地区唯一深入太平洋的海上战略支撑基地,在我国内外开放扇面中居于举足轻重的地位。舟山处于我国长江经济带和21世纪“海上丝绸之路”交汇点,是我国东部地区重要的海上开放门户。2014年11月,李克强总理在浙江调研时指出,舟山设立“江海联运服务中心”,这进一步明确了舟山在长江经济带建设中的定位与功能,并将这一中心建设提升到国家战略,不仅带动浙江,还能带动长江经济带的发展。长江经济带的龙头在长三角,要把龙头抬起来,龙身动起来,龙尾摇起来。龙头得有龙眼,实际上主要是靠交通,两只龙眼,一个是大小洋山港,一个是舟山,也可以把宁波整体考虑进去。而且大小洋山、上海港和舟山-宁波港,是错位发展,大小洋山港是以集装箱为主,舟山以散货为主,能够共同形成长江经济带发展的战略支点。

(3) 为舟山与上海乃至长江流域城市联动发展提供了新契机

根据《依托黄金水道推动长江经济带发展的指导意见》,长江经济带建设以城市群为载体,充分利用黄金水道,重在城市之间的互联互通。长江经济带建设将为舟山与上海乃至长江流域各城市联动发展提供新的契机。其中，上海和舟山分别拥有两个国家战略性新区，即以上海国际航运中心建设的核心地带浦东新区和以海洋经济为主题的舟山新区。浦东新区与舟山群岛新区，这两个承载"国家战略"、相距不过数十海里的重要区域。探索浦东新区和舟山新区联动发展的方法和路径，可为进一步深化长三角的联动发展、落实"长江经济带"国家战略提供有益的经验。同时，舟山作为"江海联运服务中心"，必将促进与上海国际航运中心联动发展，也将促进长江沿岸港口城市发展。

（4）为舟山转型升级发展提供了新挑战

目前，我国经济发展已进入"保持中高速增长、迈向中高端水平"的新常态，这给舟山新区开发建设带来了前所未有的新挑战。另一方面，舟山作为国家建设"21 世纪海上丝绸之路"和"长江经济带"的战略支点，将迎来千载难逢的新机遇。李克强总理明确要求"加快建设舟山江海联运服务中心"。这是国家赋予舟山又一新的战略任务，也是新区大开发大建设的重大举措和重要支撑。在长江经济带沿江城市中，舟山以海洋经济发展为特色，但总体经济规模不大，与周边城市竞争压力较大。2014 年，舟山地区生产总值为 1 021.66 亿元，三次产业结构比例为 9.9∶42.1∶48。舟山要在新常态背景下，加速经济发展，做强做大经济，并实现产业转型升级，完成国家赋予的新任务和新要求，实现新的突破。

（二）舟山在长江经济带中的发展现状及主要问题

1. 江海联运初具规模，服务功能有待提升

近年来，舟山市充分利用独特的区位和港口资源优势，大力发展江海联运，融入长江经济带建设。2013年实现港口货物吞吐量3.14亿吨，其中由舟山港域进长江港口货物吞吐量近亿吨，大宗商品储运中转加工能力逐步提升；马迹山矿石、六横煤电、世纪太平洋、岙山兴中石油、老塘山中转5个港口相继开展港航联动，每年超1 200万吨港货物以江海联运的方式供应给长江流域钢铁、炼化、电力等大企业，长江流域航运业务发展初见成效；打造“海进江”船队，先后组建舟山港海运公司、浙江武钢航运公司和浙江浙能通利航运有限公司等港口企业、航运企业、货主单位的联盟经营体，拥有海进江船队7艘，并与货主单位订立长期合同协议。如宝钢马迹山矿砂项目与舟山中昌海运等4家航运公司签订每年700万吨长期二程运输合作协议，港、航、货联盟初具规模。

舟山虽有不可多得的岸线、港口、区位等资源优势，但随着这几年长江航线及沿海航道的整治和挖潜，江苏等地大有超越替代之势；舟山有着相对便捷畅通的海上集疏运网络和港航物流基础及体系，但海岛陆路集疏运条件还比较落后，综合性的集疏运网络体系尚未建成。此外，建设舟山江海联运服务中心需要配套的金融、信

息、会计、后勤保障等服务业的发展水平，目前还远远低于上海等发达地区。同时，舟山港口在发展现代物流业方面，存在着集疏运体系不完善、人才储备缺乏、现代物流功能不完善等诸多短板。未来，舟山建设江海联运服务中心应做好大宗商品的储运中转加工交易以及金融、海事等配套服务，大力发展矿砂、煤炭、油品、粮食等大宗战略物资的储运、中转、加工、交易，注重大项目大产业的引进和拉动。

2. 对外开放有所突破，开放层级需要加强

2014 年，舟山市外贸进出口总额（含保税仓库货物）123.35 亿美元，占舟山市 GDP 总量的 12%，该比值在长三角城市群中仅次于上海、苏州和宁波，说明舟山的经济发展对开放经济的依存度较大。进口总额 65.59 亿美元，出口总额 57.76 亿美元。全年水产品出口额 8.31 亿美元，增长 3.1%。工业品出口额 28.12 亿美元，增长 7.4%，其中：造船出口额 21.24 亿美元，增长 2.8%；油品出口额 21.03 亿元，下降 34.6%。舟山口岸进出口货运量 10 119 万吨，进口货运量 9 654 万吨，出口货运量 465 万吨。2014 年年末，舟山口岸对外开放陆海域面积 1 302 平方公里。同时，舟山加快打造综合保税区，综合保税区一期近 2.6 平方公里范围于 2013 年 11 月通过国务院验收，2014 年 1 月 8 日起开始封关运行。2014 年 10 月，舟山群岛国际邮轮港正式开港，舟山港口岸开放继续深化。

作为港口城市，开放型经济应成为舟山的主要发展模式。开放型经济需要市场在资源配置中发挥基础性作用，因此地方市场前景、高端人力资源供给、法制环境治理、商务成本高低，以及政策

机制等方面的环境对开放型经济发展具有重要影响。舟山在建设综合保税区方面有其自身独特的优势,但“一区两片”的规划模式而实为“两区”,运营成本较高。此外根据世界贸易组织(WTO)关税减让政策,关税水平逐年下降,保税区在税收方面的政策优势普遍削弱,综合保税区的开放领域、开放层次需要扩大和提高。舟山大宗商品交易中心、舟山(中国)海洋科学城、对台自贸区等重大平台建设尚待加快推进;“三位一体”港航物流服务体系建设尚有差距;船舶制造业涉及的船配和相应的服务业不齐全;大宗散货涉及的加工、贸易、配送等功能不完善,还不适应舟山市开放型经济发展的需要。

3. 城市联动初显成效,合作机制亟待建立

由于舟山特殊的地理位置和优厚的港口资源优势,舟山目前主要在港口经济层面与宁波和上海展开密切合作。自宁波-舟山港一体化启动以来,宁波-舟山港货物吞吐量持续攀高,从 2006 年的 4 亿吨发展到 2013 年的 8.1 亿吨,并从 2012 年起成为全球货物吞吐量第一大港。2014 年 9 月,宁波港集团与舟山港集团签署《关于进一步完善全面战略合作加快推进宁波-舟山港一体化建设机制的协议》。两地将建立包括高层协商、业务沟通、企业管理在内的定期协商交流机制,进一步促进宁波-舟山港发展。此外,舟山与上海也展开积极合作。舟山与上海金山区缔结友好市区,在经济、文化、旅游、科技等领域开展多种形式的交流与协作,在旅游资源开发、旅游产品设计、旅游市场营销等方面进行全方位合作。上

海、舟山两港引航技术交流合作启动，促进双方引航技术能力和调度管理水平的提升。舟山市政府与上海市浙江商会签订了《上海市浙江商会参与舟山群岛新区建设千亿投资战略合作框架协议》。舟山市将为上海市浙江商会企业在舟山投资提供项目推荐、投资服务、金融授信、土地使用等方面的支持，促成项目尽早落地。

目前，舟山在与长江流域经济城市的合作中主要集中于上海与宁波，合作领域主要为港口经济和航运技术方面，以项目推动的合作为主导，没有形成城市间的联动机制。同时由于市场体系分割、行政性垄断和地区壁垒等因素，舟山与周边城市缺乏明确的平台建设，没有强有力的组织保证和财政保证，保障性措施的缺位导致实质性成果较少。

4. 生态保护成效显著，示范效应尚需扩大

舟山围绕浙江舟山群岛新区建设，以国家环保模范城市创建和海洋生态文明建设为抓手，扎实推进生态建设、节能减排和污染整治等工作，生态建设工作成效显著。自 2009 年以来，在浙江省生态考核中，舟山一直保持地级市首位。2013 年，舟山群岛新区被列为全国生态文明建设试点城市。全市在保持经济平稳增长、工业化和城市化快速推进的形势下，环境质量总体保持稳定，局部有所改善。污染防治和环境监管能力大幅提升，大批大型环保基础设施顺利建成，环境部门自身检测、监控和应急能力显著增强。环保促进转型升级成效明显，清洁能源比例进一步提高，污染物排放总量和单位 GDP 能耗逐年降低，在整治污染企业、淘汰落后产能

方面，有效发挥了环境保护的约束性作用。

生态文明建设试点是现阶段展示我国生态文明建设成就的最高荣誉，是全国生态环境、人文理念与经济建设协调发展的典范。在长江经济带中，舟山的生态文明建设处于前列，是新区优良生态环境的“金名片”，但是由于舟山的经济体量较小，生态经济的发展模式还没有在长三角及长江经济带形成示范效应。党的十八大报告把生态文明建设纳入“五位一体”总体布局，系统化、理论化地提出了生态文明建设的战略任务，舟山未来应以此为契机，在继续加强生态建设的同时拓展生态新区经济发展模式的示范效应。

（三）舟山在长江经济带中的功能定位

1. 舟山在长江经济带中的优劣势分析

（1）舟山在长江经济带中的优势如表 1 所示：

表 1　舟山在长江经济带中的优势

区位优势	舟山群岛新区地处我国东部南北大通道和长江黄金水道入海口的“T”字型交汇区域，是长江经济带向东最前沿的城市。对内紧靠上海、杭州、宁波等长三角大中城市群，并延伸至长江内河流域，腹地较为广阔；对外面向太平洋，距台中、长崎、釜山等港口 500 海里左右，距高雄、首尔约 600 海里，距香港、神户、大阪等港口约 700 海里。从地理区位条件来看，舟山承接着国内外物资流通的重要使命，是海进江、江达海的必经口岸，是对接 21 世纪“海上丝绸之路”和长江经济带的重要节点

续 表

航道优势	作为浙东和长江流域的出海门户，舟山扼中国东南沿海航路要冲，海上航运优势十分突出。目前舟山海域有可供15万吨级船舶进出的航道13条、可供30万吨级船舶进出的航道3条，途经中国的7条主要国际海运航线中有6条都经过舟山。舟山是中国与大洋距离最近的一个群岛，向东可直达太平洋，且与亚洲的主要航运中心釜山、香港、新加坡等地，构成了500海里等距离的扇形海运网络，与亚太新兴港口城市呈扇形辐射之势
港口优势	从深水资源分析，舟山港优势十分突出，可建码头泊位岸线达1 538公里，水深大于10米的岸线长246.7公里，水深大于20米的岸线长107.9公里，且这些地方水深流顺、岸滩稳定、泥沙回淤量小。从港口条件分析，舟山港池宽阔，遮蔽条件好，水深在22—123米的深水港域锚泊面积有1 000多平方公里，港域有岛屿作天然屏障，避风避浪条件好，港域内潮差和台风增水相对较小，有利于船舶的靠泊作业和灾害防范；港域内进出口多，利于不同船型多方位自由通航，是建设世界一流大港的理想港域
海洋经济基础优势	近年来，舟山海洋经济产业发展迅速，经济综合实力显著增强，初步形成了以临港工业、港口物流、海洋旅游为支柱的现代化海洋经济体系，且规模在不断扩大。同时，经济结构由单一变为综合，由传统变向现代化。2012年，舟山全市海洋经济继续保持平稳增长态势，实现海洋经济总产值2 007.77亿元，比上年增长13.1%；海洋经济增加值586.44亿元，比上年增长12%，高出全市GDP增幅1.8个百分点，占GDP比重68.7%。2013年，舟山全市继续大力发展海洋经济，总产值2 195亿元，按可比价计算，增长12.1%；海洋经济增加值644亿元，增长10.0%，高出GDP增速1.5个百分点；海洋经济增加值占GDP比重达到69.1%，比上年提高0.4个百分点

续 表

政策优势	浙江舟山群岛新区是中华人民共和国成立以来设立的第一个以海洋为主题的国家级新区。2013 年 1 月 17 日，国务院正式批复的《浙江舟山群岛新区发展规划》明确了新区的三大战略定位，即浙江海洋经济发展先导区、全国海洋综合开发试验区和长江三角洲地区经济发展重要增长极。在此基础上，进一步明确确定了浙江舟山群岛新区建设的"五大发展目标"。这就决定了舟山必须充分发挥第一个海洋主题的国家级新区作用，破解新区建设项目引进不强、开放力度不够、要素支撑不足、比较优势不强、合力氛围不浓等诸多难题，强化新区建设的外在拉力，努力扩大对外开放新平台，尽快形成以开放促改革、以改革带发展的"外力"拉动格局，为新区发展倍添"活力"，促进新区快速发展。2014 年，李克强总理在浙江考察，要求舟山加快建设"江海联运服务中心"，这为舟山进一步发展指明了方向，也为舟山进一步发展汇集了新的政策优势

(2) 舟山在长江经济带中的劣势如表 2 所示：

表 2 舟山在长江经济带中的劣势

工业基础薄弱，阻碍发展动力	整体来看，舟山工业基础比较薄弱，区域总体科技创新能力较低，高新技术产业、新兴与特色产业集聚和发展水平不高，绝大多数企业尚未成为科创主体，科技进步水平、R&D 等指标长期处于浙江省后列。舟山市的经济发展处于浙江省较低位置，因为土地和人口规模很小，经济总量很小。舟山港的经济腹地已延伸至江浙沿海和长江中下游地区，但实际与上海港经济腹地大部分重叠，上海港凭借经济优势和巨大规模，将给舟山港的经济腹地形成较大压力
土地、淡水资源缺乏，限制产业发展	舟山群岛的陆地面积分散、狭小，可用耕地少，开发成本高，如建设舟山跨海大桥总投资超过百亿元。因陆地面积小，多为低山低丘地形，集水面积较小，不能活动丰富的地下水补给，淡水资源少。随着港口规模的不断扩大，为了增强临港产业的集聚效应势必要在港口周边占用大量用地以完善各类产业建设，土地、淡水资源的短缺会限制舟山临港产业和经济的发展

续 表

地理位置偏远，不利吸引人才	相比长江经济带其他城市，特别是中心城市，舟山海岛地域显得偏僻偏远，城建设施亦不及周边大中城市发达齐备，对外来人才的工作和生活造成诸多不便。同时机制和政策创新不突出，人才创业创新的舞台不多，人才发挥发展的空间不大。再者，立足舟山的知名高校、高层次研发机构尚少，重大科技和工程技术项目不足，上市公司、一流企业有限，各类人才、创新团队等难以施展才华
港口管理运行体系仍不完善	一是集疏运体系不完善。尽管大陆连岛大桥已经开通，集疏运条件已经得到明显的改善，但仍然缺乏完整的联结各个港口的疏港公路网络，并且与大陆缺乏直接连通的铁路通道；集疏设施建设薄弱。二是港口物流人才严重缺乏。从舟山来看，虽然通过了各种物流知识培训，但从总体上来说，舟山在物流专业的教育和培训方面依然很落后，不能够很好地培养本土的物流人才。当前，从事物流行业的人员组成还比较低端。具有物流专业教育背景的中高级复合型人才严重匮乏。三是港口物流行业整体水平低。目前，舟山物流企业的规模普遍较小，结构单一，各自为政，集中程度比较低，行业整体水平不高；涉足第三方综合物流业务的企业则更少。四是舟山港口的现代物流功能不完善。由于种种历史原因，舟山港的基础设施建设比较薄弱，信息化建设和管理则是刚刚起步，港口的规模化、专业化等也尚处于初级阶段。舟山群岛地区的研发机构相对较少，缺乏科技的支撑，直接导致舟山群岛地区的物流产业发展比较缓慢，运营理念有待创新提升

2. 舟山在长江经济带中的功能定位

基于舟山在长江经济带的优劣势分析，根据《依托黄金水道推动长江经济带发展的指导意见》和李克强总理对舟山发展提出的新要求，舟山在长江经济带中要充分发挥通江达海的区位优势和港口资源优良等优势，重点建设江海联运服务中心，其具体功能定位主要体现在以下几方面：

（1）长江黄金水道江海联运服务枢纽

推进舟山“江海联运服务中心”功能建设，提升能级，为长江经济带发展提供服务。江海联运服务中心的服务功能将涵盖海事、金融、物流、信息、贸易、技术培训等，着重建设海事法律服务中心、保税燃料油供应中心、海外仓储物流配送中心、船舶及设备融资租赁中心、船舶制造与维修服务中心、海员培训服务中心等功能服务区块，打造一个综合性、全天候的现代航运服务体系，实现对内辐射长江经济带，对外面向环太平洋的外溢效益。创新江海联运体制机制，以建设国际物流枢纽岛为依托，以打造顺畅完整物流链为载体，联合多个主体，运用各种形式，建立跨企业、跨行业、跨区域的联盟经营机制。

（2）长江经济带重要的海上开放门户

充分发挥舟山港综合保税区的功能、政策优势，集聚国际贸易、金融、航运、科技等方面的人才和资源，顺应经济全球化、贸易自由化大趋势，全方位提高对外开放水平和层次，加快建设舟山港综合保税区，成为长江经济带重要的海上开放门户，进一步提高我国东部沿海地区的对外开放水平。全方位提高对外开放水平和层次，积极探索创建符合国际惯例和自身特点的自由港模式，建设成为我国重要的海上开放门户和面向环太平洋经济圈的桥头堡。

(3) 长江经济带城市联动合作实验区

以“深度合作、广泛对接、互补发展”为原则，积极参与长三角城市群乃至长江流域城市群合作，深入开展与上海、宁波等周边核心城市的合作。以建设上海国际航运中心为契机，联合推进小洋山北侧陆域综合开发和洋山深水港建设，进一步完善上海、宁波和舟山的港口合作机制，主动接受上海的辐射和带动。与上海、宁波等周边核心城市形成制度、产业、政策、人才等方面的对接，打造长江经济带城市联动合作实验区。

(4) 长江经济带海岛绿色开发示范区

坚持开发与保护并重，全面加强海洋海岛资源管理，创新海岛保护开发模式，加强海陆污染综合治理，科学开发海域资源，推进海洋生态保护与修复，大力发展循环经济，建设生态功能网络，形成资源节约型、环境友好型的发展方式和消费模式，注重形成示范效应并积极推广，打造长江经济带海岛绿色开发示范区。

(四) 舟山融入长江经济带发展的主要路径

1. 以江海联运为纽带打通经济走廊

(1) 推进舟山港与长江港口联动发展

一是进一步明确舟山港口功能定位，推进舟山港口与上海港口、宁波港联动发展，共建上海国际航运中心。打破大洋山外贸集装箱开发模式，创新浙、沪合作传统模式，有条件将大洋山港口开发包装成为国家级内贸公共码头，将大、小洋山区域发展成为海陆、海铁、江海联运，国际与国内贸易货物中转中心，使浙江参与内贸集装箱码头建设，完善相关内贸采购、销售、配送、集拼分拨管理、集装箱物联网数据服务等。

二是搭建长江港口与舟山港江海联运平台，推动江海联运一体化发展。充分发挥舟山江海联运服务中心功能，根据船型、货种建立多种货种及多种方式的江海联运。承担铁矿石、原油等货物一程接卸港，铁矿石通过上海、苏州、南通等长江下游港口为二程转运；原油通过甬沪宁管线运输，部分通过水水中转。加强舟山与长江航运企业的协同联系，共同打造货运船队，形成长期战略合作关系，打造"船、港、货"战略联盟，建立畅通的信息平台。

(2) 抢占江海联运战略高地

一是要抢先构建江海联运货运标准系统，设计"舟山货运标准"并纳入国家江海联运标准。

二是要以大数据为支撑，构建一个沟通世界市场的全国性江海联运贸易信息网络，体现和确立舟山江海联运的优势。

三是要加快制订江海联运规范的管理制度、技术标准和服务步骤，形成自己的标准化服务流程和标准化服务内容。

(3) 提升江海联运服务中心功能

重点提升舟山江海联运服务中心的交易功能，利用舟山大宗商品储备优势，发展期货交易、船舶交易、期货指数交易运价指数交易等。发展金融服务功能，围绕航运、船舶租赁、海事理赔、船舶投资等业务逐步拓展金融服务功能。推进发展技术服务功能，如新能效船型、江海直达船型制造与维修，海事人才培养基地、船员劳务服务基地、外派船员的服务基地等。

(4) 拓展江海联运服务中心产业链

一是打造江海联运运输船队。谋划组建国际运输船队以及江海运输船队，建设符合江海联运、江海直达需求的专业运输船队。

二是突出港航服务业发展，突出大宗商品交易、国际海事服务基地、国际融资租赁三个重点，进一步推进综合区进口大宗商品现货、电子撮合交易，探索中远期合作等交易方式，建设国际性船用燃料油和天然气储存、混兑、供应基地。

三是布局先进制造业基地，布局石油化工装备制造基地，加快船舶制造业转型，整合船舶制造企业资源，发展一程运输船只和江海联运型船只制造企业。

2. 以对外开放为核心促进内陆开发

(1) 成为长江由西向东开发的重要桥头堡

利用舟山作为长江经济带和21世纪海上丝绸之路的交汇点，促进沿江货物对外开放，打通国际干线运输、国内沿海运输、内河运输三个环节，破除政策障碍，建立与贸易大国相匹配的高效物流系统。加快推进舟山港综合保税区的建设，积极争取开展船舶登记制度、国际航运税收、离岸金融业务和租赁业务等方面试点。探索建立舟山自由贸易园区，逐步打造舟山自由港区，全面推进贸易和投资自由化，切实提高资源配置能力和对外开放水平。

(2) 贯通沿江城市对外开放合作

加强舟山与沿江港口企业、物流企业、开发区、保税区、物流园区、港航管理部门的合作。扩大口岸开放，完善口岸监管服务，推进大通关体系建设。借鉴上海国际航运中心和上海自由贸易试验区等相关航运政策，将可推广、可复制经验首先在舟山进行推广和复制。搭建海运与船舶交易一体化平台，辐射带动长江流域各城市船舶交易。

(3) 借力上海扩大对外开放

充分利用临近上海国际大都市的区位优势，加强全方位对外开放。一是继续推动江海联运服务中心成为上海国际航运中心的重要组成部分，舟山应着力提高港口服务、金融服务、技术服务等功能，完善上海航运中心及舟山-宁波港的航运服务能级，促进对外开放；二是利用上海自由贸易试验区经验。完善舟山综合保税区建设，探索建立舟山自由港区，同步推进贸易、金融、投资的便利化、自由化和一体化；三是联动舟山新区和浦东新区，发挥舟山岸线资源、航道条件等优势，主动接受浦东在航运服务业方面的产业溢出，实现硬件与软件的互补。

(4) 建立内贸货物标准化运输平台

成为内保货物标准化物流体系的推动者，提高长江干线物流互联互通水平，推动内贸多式联运配套政策和相关法律规则的设计，推动成立内贸货物集装箱运输航运联盟，打造区域性的多式联运中心。

3. 以城市合作为支点实现互联互通

(1) 通过接轨上海，积极推进长三角一体化发展

一是产业接轨，积极参与长三角产业的分工合作，有选择地吸纳上海外溢产业，为舟山产业壮大提供空间。

二是融资接轨，借力上海金融中心加速舟山融资体量的提升及融资方式的多样化创新。

三是贸易接轨，要引进上海先进的流通业态和经营方式，提高舟山商贸整体水平。

四是信息接轨，顺应上海信息化建设的进展，积极主动联接上海信息网，延伸上海网络应用系统，吸收上海信息资源，并依托上海，融入长三角信息交互网。

(2) 通过深化与宁波的合作，大力推进宁波-舟山港一体化进程

积极推动舟山与宁波合作，实现信息互通、资源共享、优势互补、共同发展，按照“资本为纽带、项目为载体”的原则，积极推进宁波-舟山港开发，加快“港航强省”建设；建立包括高层协商、业务沟通、企业管理在内的定期协商交流机制，促进宁波-舟山港发展。整合现有舟山、宁波两地保税区、保税港区、出口加工区等资源，探索建设自由贸易区、自由港区，继续深入推进宁波-舟山港一体化建设。

（3）通过提高区域合作的层次和水平，强化与长江各港口的战略合作

配合上海、南京、杭州等核心城市积极建立长江经济带区域联系合作机制，推进一体化市场体系建设、加大金融合作创新力度、建立生态环境协同保护治理机制、建立公共服务和社会治理协调机制。发挥舟山岸线港口优势，形成"船、港、货"战略联盟，建立资源整合的信息平台，提升服务长江各沿线港口城市的综合能力。

4. 以海岛生态为依托扩散示范效应

（1）健全环境治理和保护的体制机制

建立完善资源有偿使用和生态补偿制度，完善排污权交易制度，创新发展生态经济的激励机制，健全对海洋、岛礁、山林、土壤等资源的保护管理机制。

（2）创新生态环境空间管制制度

健全生态功能空间规划体系，确定生产、生活、生态空间开发管理界限，合理引导产业布局，落实用途管制。实行岸线、海岛分类指导与管理，科学确定海岛主体功能，推行海洋海岛开发生态功能引导策略，强化生态保护分级控制。

（3）发挥生态建设示范效应

以海洋经济和生态经济为依托建设中国（舟山）海岛生态经济示范区，大力宣传和扩散生态建设经验，在环境保护标准、生态联防联治方面发挥主导作用。

(五) 对策与建议

1. 打造江海联运服务中心,提高港口服务能级

(1) 制定和实施江海联运货运、服务标准

设计“舟山货运标准”并纳入国家江海联运标准中,加快货运管理技术的推广及应用,鼓励企业采用“舟山货运标准”的货运计量、货运分类、货种标识、物流设备、信息系统和作业流程等,提高江海联运货运标准化程度。制定形成规范的管理制度、统一的技术标准和有序的江海联运服务步骤,制定专业化的工作项目、高效率的预定目标和规范化的人员要求。

(2) 努力实现舟山江海联运服务中心的政策创新

争取航运企业内贸多式联运配套政策,积极争取“舟山港”江海联运船舶登记制度,鼓励开展江海联运业务的船运企业或船舶到舟山江海联运服务中心注册登记,并推动港口捎带、企业间捎带等相关法律规则的设计,为内贸货物水水中转和物联网多式联运发展提供政策和法律上的保障。推动沿海航运权与内河航运权对外开放,吸引国际大型集装箱运输企业参与国内支线及内河港口的国际多式联运,促进江海联运业务、航运联盟和班轮公会落户舟山。有选择地学习复制上海自贸区政策,创造自由贸易的环境,鼓励服务贸易对外开放。

(3) 大力发展江海联运现代服务业

重点发展大宗商品的储运中转加工交易以及金融、海事等配

套服务，大力发展矿砂、煤炭、油品、粮食等大宗战略物资的储运、中转、加工、交易，注重大项目大产业的引进和拉动。打造江海联运船队，在船舶的设计、建造、改装、维修等服务方面进行创新。积极参与大宗物资国际一程运输，开拓江海联运二程运输市场。同时，要加快发展保税燃料油业务，积极发展海事金融、海事法律、货物代理、国际海员培训和健康疗养等服务业，构建资源集聚、功能齐全、环境优良、服务高效的现代航运服务体系。

(4) 主动融入长江经济带发展战略，加强与上海深度合作

以大小洋山为主的北部港口岸线资源优势，与上海经济、政策、产业、金融、人才、国际影响等优势强强联合，以上海布局国际航运中心核心功能区和建设国际航运集装箱枢纽港为契机，融入国际航运产业链，参与现代航运物流、服务业、金融等核心功能的培育建设。同时积极推进宁波-舟山港口一体化。以江海联运服务中心建设为契机，坚持优势互补，错位发展，基础设施共建共享，共同打造江海联运服务中心。积极开展与长江中下游区域，特别是南京以下重要港口的战略合作，推进港口战略联盟。

2. 拓宽对外开放，提升开放层次

(1) 扩大口岸开放范围

简化口岸开放程序，探索扩大新区政府口岸管理事权。完善口岸管理机制，加强跨区域口岸合作，深入推进舟山群岛新区与内陆省份区域通关改革。探索建立适应舟山群岛新区特点的口岸监管模式，科学规划口岸查验机构的布局和设置，合理配置查验机构

和人员编制，加大口岸基础设施建设投入，推动电子口岸建设，提升口岸监管、查验效能，提高通关效率。

(2) 优化开放环境

积极创新旅游政策，发展邮轮经济，积极为国际海员、国际邮轮游客和国际旅游团队游客提供出入境签证便利。研究舟山机场开放和扩容，开辟国际航线航班或包机航线航班。发展直升机、水上飞机等通用航空。支持开展国际游艇及游艇装备交易业务。允许国际邮轮或邮轮公司在舟山群岛新区登记注册，开展经批准的国际航线邮轮服务业务。

(3) 打造内贸物流标准化大平台

一是提高长江干线物流互联互通水平，由中央政府投资或补贴建设长江干线国家级内贸集装箱公共码头，强化港口集疏运能力建设，推动长江干线码头枢纽化水平，打造区域性的多式联运中心。争取公共码头国投公司注册落户舟山。

二是推动内贸多式联运配套政策和相关法律规则设计，明确内贸货物水水中转和物联网多式联运的相关标准。

三是推动成立内贸货物集装箱运输航运联盟。利用国投公司干线公共码头网络，吸引内资航运企业参与，成立航运联盟落户舟山。推动内、外贸集装箱江海直运，提升船舶标准化水平，建设完善的内贸集装箱班轮网络，提高多程联运效率，降低综合运输成本。创建沟通国际国内的江海联运“贸易信息网络”，连通机构网络、信息网络、国际国内通信网络，实现企业与政府以及国际组织间在线信息交换，通过网络提供全方位的贸易服务。

(4) 加快建设舟山港综合保税区

拓展港区联动功能，与商务局、经贸委、海关、检验检疫局、港航局等单位密切合作，创建全方位综合信息化物流平台，实现数据实时交换、资源实时共享，使信息交换与综合管理迈上新的台阶。同时，打造与国际接轨的投资环境，形成海关监管、社会参与、政府支持、企业自律的良好的多方互助平台。承接上海物流转移集散动能，制定政策吸引国际化物流企业的进驻。推动舟山港综合保税区与普陀山机场空港联动，打造“一体化”物流平台。探索创新配套政策，充分拓展港口腹地，加强与长江流域各省市合作，将物流腹地拓展到长江三角洲及长江沿线地区。

(5) 探索建设舟山自由港区

在探索建设自由贸易园区的基础上，充分借鉴国际、国内及上海先进经验，全面推进贸易投资便利化，切实提高资源配置能力和对外开放水平。探索建设大宗商品交易市场，积极培育、引进一批大宗商品国际运营商、贸易商、期货经纪商及其会计、法律、税务、结算等机构，加大大宗商品交易市场人才的培养和引进。大力培育和启动离岸贸易发展，完善特殊监管管理制度和运作机制，推动区港联动，创新海关、检验检疫、边检等口岸部门的联动监管机制。适应跨国公司整合销售、物流运作、出口分拨等业务需求，探索会展、国际分拨、转口等新型贸易通关便利制度。扩大外汇集中收付汇管理和国际贸易结算中心试点范围，增强跨国公司订单中心和结算中心功能。

3. 加强城市联动，创新区域合作

（1）加强与重点城市的合作

推进与上海、宁波等长三角重点区域的合作。重点完善沪、甬、舟三地港口等合作机制，研究建设环杭州湾东方大通道。加强与上海在金融要素、产业转移、科技创新等方面的合作，加强与宁波在陆向通道、供水、能源等重大基础设施建设方面的对接和谋划，形成与重点城市的定期高层磋商会议制度。

（2）创新城市合作机制

积极配合长三角及长江流域重点城市间合作机制。在资金流动方面，推进金融开放，重视引进外资，以货物贸易为主导鼓励资本流动；在人才流动方面，与周边优秀高校进行合作，建立人才吸纳的协调机制，优先引进海洋科技相关人才；在信息共享方面，运用互联网技术接入长江流域城市网络系统，参与资金项目统一招标与人才技术流通；在区域规划方面，将舟山区域规划、定位、政策措施与长江流域经济带发展方向进行协调统筹，保障舟山规划与长江流域政策框架的有效衔接。

（3）以项目为抓手推进合作

打破行政区划界限，发挥市场机制作用，充分整合区域内的各种经济资源，促进区域产业分工合作。以项目为纽带，促进产业链的对接与融合，鼓励产学研的交叉渗透，建立区域内企业为主体或牵头的产学研合作组织、工程技术中心或研发中心，引导区域内企业、大学、科研机构由短期项目合作转向长期稳定的全面联姻关

系。引导长江经济带内行业密切协作，组建跨区域的行业协会，发挥行业协会沟通市场信息、协调合作的功能，促进长江经济带内企业、科研单位为解决重大共性问题，建立市场化的协作关系。

4. 建设生态城市，扩大示范效应

(1) 加快舟山经济转型升级，坚持走生态化道路

处理好经济发展与环境保护的关系，综合考虑现有的基础设施和发展方向，强化发展海洋生态工业、生态物流业、生态旅游业、生态渔业等保护海洋生态环境的产业结构、发展方式和消费模式，着力建立集群集聚、高新高效的生态型海洋产业体系，依靠科技创新转型升级，发展生态型现代服务业，提升环保型临港工业，培育战略性海洋新兴产业，推进渔农业转型升级，加快形成循环经济产业链，构建实力强大、结构合理的现代海洋生态产业体系。推进产业结构的优化，形成“循环累积效应”；加快新能源的开发推广，利用地域优势，发展风能、太阳能和潮汐能等可再生能源，推进海水综合利用。从战略和长远的高度，重视海岛自然资源和环境的保护，以实施清洁生产为主要途径，建设资源节约型和环境友好型社会，努力构建生态型城市。

(2) 开展区域性生态环境保护交流合作，积极扩大示范效应

与上海合作推动建立长三角生态科技交流与产业合作机制，推进节能环保、新能源等新兴产业对接。鼓励和支持周边城市扩大绿色经济投资。加强长江流域及海洋环境监测，推进海洋环境及重大灾害监测数据资源共享。定期开展长江流域生态建设经验

交流，召开绿色经济、生态经济博览会，推进举办舟山国际生态旅游节，参与长江流域水域、海域环评标准制定，扩大舟山生态文明示范效应。

（3）创新长江生态保护的管理协调机制，创新海岛保护机制

建议设立专门负责长江流域环境保护合作的委员会，统筹规划区域生态环境建设的合理布局，制定关于环境合作的长期规划与发展战略，加强区域环境立法的合作与协调。舟山作为主要城市之一，积极响应参加，并创新海岛生态环境保护机制，起到示范作用。建立长江流域信息通报机制，共享环境监测信息，积极推行环评会商交流，建立区域内的重大环境事件的通报机制、污染整治工作的协作机制、区域联合执法机制，进一步建立健全环境保护协调机制。

三、“十三五”期间舟山与上海国际航运中心联动发展思路

2013 年 1 月，国务院批复《浙江舟山群岛新区发展规划》，作为我国首个以海洋经济为主题的国家战略性区域规划，舟山被定位为全国海洋综合开发试验区、海洋经济发展先导区、长江三角洲地区经济发展重要增长极。作为长江经济带发展的重要战略支点，江海联运服务中心的提出进一步明确了舟山的发展定位与方向。作为上海国际航运中心建设的重要组成部分，舟山加强江海联运服务中心与国际航运中心联动发展，具有重要的战略意义。

（一）舟山江海联运服务中心建设的背景与意义

1. 舟山江海联运服务中心建设背景

（1）全球经济格局调整转型，催生了舟山江海联运服务中心建设发展

进入21世纪以来，经济全球化进程进一步加快，国际产业结构迅速调整、产业分工体系格局发生重大变化，由此带来资源在全世界范围内重新配置。无论从开拓市场空间、优化产业结构、获取经济资源、争取技术来源，还是在突破贸易壁垒等方面，都需要对扩大开放重新认识，进一步试验调整优化我国对外开放政策，实现对外开放的新格局。在推进新一轮的对外开放中，随着我国综合实力的增强和国际化的需要，必须在东部沿海开发建设以中国香港、新加坡等为借鉴的国际一线港口城市，推出自由度和开放度更大的自由贸易区或自由港政策，增强面向西太平洋的海上门户的竞争实力。这为舟山群岛参与国际航运中心建设，发挥江海联运服务功能提供了战略机遇。

（2）国家沿海战略地位日益突出，提升了舟山江海联运服务中心的重要地位

21世纪是人类开发海洋、发展海洋经济的新时代。随着社会经济的高速增长，陆域资源、能源和空间的压力与日俱增，海洋

经济作为未来开发的新空间、新资源，已成为世界经济发展的重要主题之一。沿海各国和地区都把“海洋强国”作为国家和地区的长期发展战略。我国海域范围广阔、海洋资源丰富，沿海地区作为推动全国经济发展的重要力量和对外开放的前沿阵地，具有巨大发展潜力。目前，我国已经相继批复了包括辽宁沿海经济带、天津滨海新区、舟山群岛新区、江苏沿海经济区、长三角经济区、珠三角经济区、福建海峡西岸经济区、广西北部湾经济区等一系列沿海战略规划，国家沿海战略布局成为国家发展战略的重要内容。这为舟山江海联运服务中心建设创造了良好的宏观发展环境。

(3) 舟山在长江经济带中的定位，指明了舟山江海联运服务中心发展方向，同时目前正在探索的体制机制的创新突破，为舟山江海联运服务中心发展提供了动力和保障

当前，我国经济社会发展到了关键时刻，改革进入攻坚阶段，开放进入更高平台。浙江舟山群岛新区是继上海浦东新区、天津滨海新区和重庆两江新区之后设立的又一个国家级新区。与其他三个新区有所不同，浙江舟山群岛新区是我国首个以海洋经济为主题的国家战略层面的新区。通过先行先试，创建新的开放体制，推进行政管理体制、市场体系、用海用地管理制度、财税和投融资政策等方面进行综合配套改革，积极探索海陆联动的新思路与新举措是新区发展的重点，为打造江海联运服务中心提供了强大动力和体制保障。

2. 舟山江海联运服务中心建设的重要意义

(1) 有利于构筑长江经济带战略支撑点

舟山背靠长江三角洲，面向太平洋，地处南北海运大通道和长江黄金水道的交汇地带，是长江口港口体系江海联运面向国际的"弯弓射雕"型枢纽，辐射亚太新兴港口城市，是长江经济带和"21世纪海上丝绸之路"的重要支撑点，是长江流域和长江三角洲对外开放的海上门户和重要通道。一方面，可促进沿江沿路由东向西开放，推进与周边国家的合作交流；另一方面，江海联运服务中心有助于国际干线运输、国内沿海运输和内河运输的有效衔接。

(2) 有利于服务长三角

长三角地区正处于实现新一轮历史性跨越的关键时期，进一步推进长三角地区改革开放和联动发展的基础性条件已经成熟。舟山江海联运服务中心的建设有利于搭建对外开放新平台，促进长三角区域经济一体化进程，加快区域内生产要素流动和国际产业转移，推进以上海为中心的国际航运中心建设。同时，有利于解决区域内重复投资、港航产业结构同化、特点同化、职能同化现象，提升长三角地区海洋经济整体国际竞争力，为全国海洋经济科学发展提供示范。

(3) 有利于上海国际航运中心建设

上海国际航运中心建设是以上海为核心，以江浙为两翼的发展布局。充分发挥长三角区域港口的集群优势，是上海打造国际航运中心的关键一环。目前，上海国际航运中心在构建优化整合的集疏运体系、构建现代国际航运服务体系等方面有待进一步完善，尚未形成多层次、全方位的航运服务体系，无法形成与上海国际航运中心发展相适应的航运服务功能。舟山江海联运服务中心以其特殊的位置和深水港群等港口资源条件，必然能为上海国际航运中心的功能完善和布局优化、长三角港口体系服务功能整体提升提供必要的支撑。

(4) 有利于舟山群岛新区发展

江海联运服务中心有助于充分利用国际、国内两个市场，打造新区升级版。一是促进舟山港航物流业发展，扩大大宗商品储运规模和种类，延伸相关产业链，加速一程运输多元化、规模化发展；二是加快船舶修造企业转型升级，扩展重组船舶修造业，带动以国际一程运输船只和江海联运型船只为主的高端船舶制造业发展；三是推进海事服务基地建设，带动航运服务市场建设；四是拓展舟山装备制造业，特别是石油化工装备制造业的发展；五是带动人口、资金、技术集聚，提升海上花园城市的质量和档次。

(5) 有利于实现上海港、舟山-宁波港的错位联动发展

长三角港口群的大发展带来了竞争态势，为形成长三角港口的共赢局面，实施错位发展战略，力求形成合作共赢态势。当前，长三角港口群以市场发展和政府推动为契机，大规模地开展区域港口合作，通过资本渗透、相互持股等合作方式，形成新一轮的竞合发展模式，在上海的南北两翼港口群区域逐渐实施一体化发展。其中，充分发挥舟山的优势和特点，以发展矿、煤、油及粮食等大宗

战略物资为主，加强与上海、宁波协同合作，实现港口和要素的合理布局。

（二）国际港口联动发展经验借鉴

国际上港口间的联动发展主要体现在港口群与组合港的联动发展，其已成为世界许多国家航运发展的重要组成部分。港口间的经济合作也愈来愈被重视，如美国、德国以及日本等国家已在港口联动发展方面积累了一定的实践经验。

1. 纽约/新泽西组合港

纽约/新泽西组合港位于美国东海岸，由纽约和新泽西州港口的各个港区通过港口资源整合形成，该组合港是美国东海岸最大的集装箱港，对外贸易总值占全国的40%以上。根据市场竞争的要求，20世纪40年代由分属纽约州和新泽西州的两个港口资源联合组成，它所管辖的范围是以纽约女神像为中心，半径为25英里的区域，共约1 500公里。目前拥有4个集装箱港区，其中纽约州和新泽西州各有2个。

纽约/新泽西组合港联动发展运行机制为：该港由一个14人组成的港口委员会统一管理，港口委员会成员由两州州长各任命7人，委员会的主要任务是负责研究港口经营、建设和管理中的问题，促进和保护纽约和新泽西港口地区内部的商业业务活动，负责监管两州的陆、海、空运输网络系统，州政府负责港口的重大决策问题。纽约和新泽西州形成组合港口以后，成为统一的竞争实体，充分发挥各个港口的资源优势，在与北大西洋沿海其他港口的竞争中取得了主动地位。

2. 洛杉矶/长滩组合港

洛杉矶/长滩组合港是美国西海岸重要的港口群，其中洛杉矶港是北美大陆桥的桥头堡之一，拥有120多个码头泊位，为西部最大的集装箱吞吐港。长滩港位于加州南部的长滩市，是美国重要的集装箱深水港，地处通往亚洲各国和地区的枢纽位置，是美国仅次于洛杉矶的第二繁忙港口。长滩港进出口货物除服装、电子和轻工产品外，还有大量的工业用原油、石油产品和化学制品。

洛杉矶/长滩组合港由洛杉矶/长滩港务局统一管理，该港务局作为市政府下属的公益性管理部门，其主要职责是参与港口规划和航道的疏浚、码头前沿登记处设施建设。港务局通过和各个主要船舶公司签订25—30年的租赁合同将码头租给各个主要的船舶公司经营，港务局仅仅收取码头租赁管理费用。该种运营模式充分发挥了船舶公司、码头公司等企业在市场中的经营活力，促进了港口在经营设施、投资运营和管理等发面的互动良性发展。

3. 不来梅组合港

不来梅组合港由德国西北部威悉河畔的不来梅内港和不来梅哈芬外港组成。其中不来梅港距离德国西北部威悉河入海口约122公里,是德国最早开始进行集装箱装卸的港口。不来梅哈芬位于威悉河的入海口,依靠其远洋港区,是德国主要的出口门户,跻身欧洲最大的港口城市之列。不来梅港与不来梅哈芬港以及威悉河中上游的内河港之间有内河驳船连接,与世界各大港口之间设有远洋货船航线。

随着远洋集装箱船规模的不断扩大,不来梅哈芬港承担集装箱转运的功能,而不来梅港运输多为散货和杂件货。不来梅组合港通过分工合作,实现港口的联动发展。不来梅港拥有发达的港区铁路,主要港区与客货两用的枢纽站不来梅总火车站相连,可通往德国乃至欧洲各目的地,便利的海陆空立体交通网络吸引大量工商业和物流企业,一些来自德国的国际性物流企业的总部都位于不来梅市。不来梅哈芬的经济与港口紧密相关,最主要的产业是港口装卸、修船业以及鱼类和食品加工。同时不来梅哈芬港是欧洲最大的汽车港,德国、东欧和北欧的进出口汽车大部分是通过该港口中转,同时也是豪华邮轮的出发以及目的港。

4. 东京湾港口群

东京湾位于日本本州岛中东部沿太平洋地区,湾内有东京、千叶、川崎、横滨、木更津和横须贺港6个重要港口,6港口首尾相连,绵延百里,形成沿海岸向东南开口的马蹄形港口组合及工业城市群体。东京湾港口历来是日本重点建设的港口,经过多年发展,已形成鲜明的职能分工体系,各主要港口根据自身基础与特点,承担不同职能,实现了港口间的协调发展。

东京港为特定重要港口，作为较新港口，依托日本最大的经济中心、金融中心和交通中心东京，其主要职能与定位为输入型港口、商品进出口港口、内贸港口和集装箱港。横滨港为特定重要港口，作为历史上重要的国际贸易港、京滨工业区的重要组成部分，以重化工业和机械加工业为主，其职能定位为国际贸易港、工业品输出港和集装箱货物集散港。千叶港为特定重要港口，作为新兴港口，是京叶工业区的重要组成部分，是日本的重化工业基地，其职能定位为能源输入港和工业港。川崎港为特定重要港口，其与东京港和横滨港首尾相连，深水泊位较少，多为企业专用码头，其职能定位为原料进口与成品输出港。木更津港为重要港口，其旅游资源丰富，以服务境内的企业为主，其职能定位为地方商港和旅游港。横须贺港为重要港口，主要为军事港口，少部分服务当地企业，其职能定位为军港兼贸易港口。

（三）舟山江海联运服务中心发展功能定位与目标

1. 功能定位

舟山江海联运服务中心是上海航运中心的重要组成部分。其功能定位为：江海联运服务中心、大宗商品储运中转加工中心、大宗商品的贸易中心和金融中心、海事服务基地和海事人才培训基地、国际海员俱乐部、交通物流公共信息平台中心、长三角旅游集散地等。

2. 发展目标

（1）枢纽化

从国际经验看，航运服务功能的枢纽化是世界航运中心发展的一个主要趋势。因此，贯彻东西联动方针，兼顾南北沟通，进一步强化舟山江海联运服务中心服务体系的功能性、先导性、引领性是舟山增强全球航运资源配置能力的基础。

（2）国际化

舟山作为江海联运服务中心，不只局限于一流的硬件服务设施，更要着力于构建全球化的服务网络，实现航运和服务市场的全球布局。因此，要大力推动航运和服务市场的国际化，形成与国际惯例接轨的开放环境，培育和优化航运市场软环境。

（3）服务化

进一步发挥航运服务功能，进一步集聚航运服务企业，推动长江黄金水道与江海联运的服务化趋势。现代航运服务市场功能要进一步提升，航运金融等为代表的航运高端服务业与港口运输业融合发展，形成与国际航运中心地位相适应的现代航运服务业产业体系。

（4）区域化

舟山江海联运服务要形成为长江流域、长三角地区服务的区域性航运服务功能，成为长江流域经济发展的引擎、长三角地区经济一体化的重要助推器，从而依托长三角城市带参与国际竞争。

（四）舟山江海联运服务中心与上海国际航运中心联动发展思路与路径

1. 舟山江海联运服务中心与上海国际航运中心联动发展思路

（1）互联发展

在长三角区域发展战略中，上海国际航运中心建设的基本框架体系是以上海港为中心，以江苏、浙江部分港口为两翼，沿海港口为纵深，以枢纽港、干线港、支线港和喂给港为主体的组合港口群。作为上海国际航运中心的重要组成部分，舟山要与上海推进航运服务的互联发展，拓展两地合作发展领域，提高一体化发展水平。一方面，加强区域港口规划建设合作，促进长三角港口协调发展，重点在港口规划、岸线资源管理、港口建设管理等方面进行合作交流；另一方面，积极探索有效的港口协调管理体制和机制，以发展地区整体利益为宗旨，解决长三角港口群以及区域间协调过程中的重大问题，重点在港口物流体系建设、集疏运体系建设和现代服务业体系建设上，建立互惠互利的合作机制。

（2）互补发展

长三角港口群的发展，在带动区域经济快速发展的同时，也带来了同质化竞争。舟山应实施错位互补发展战略，以形成与上海国际航运中心合作共赢态势。舟山港要发挥自身产业特点与资源优势，重点发展大宗商品储运中转加工中心、大宗商品的贸易中心和金融中心，与上海发展集装箱业务互补发展。加强海事服务基地和海事人才培训基地、国际海员俱乐部、交通物流公共信息平台中心、长三角旅游集散地等航运服务业发展，与上海航运服务功能错位发展。

(3) 互通发展

舟山江海联运服务中心与上海国际航运中心联动发展要加强与上海国际航运中心互通发展，重点实现基础设施、航运信息以及通关政策等方面的互通发展。

一是基础设施互通建设。加快铁路、高速公路、航道、跨海大桥建设，推进长江三角洲地区交通网络一体化，加强舟山与长江三角洲其他地区的广泛对接。同时联合推进小洋山北侧陆域综合开发和洋山深水港建设，加强与宁波在陆向通道、供水、能源等重大基础设施建设方面的互连对接和统筹谋划。

二是港口信息互通。建立长三角港口信息互通平台，发布港口的动态信息，激活区域现代航运服务业和现代物流的信息化应用。

三要加强通关政策互通。推进口岸通关相关制度逐步与国际惯例和通行规则接轨，建立主动服务企业通关的高效互动工作机制，探索集装箱“一体化通关”的监管模式。

(4) 互享发展

充分利用上海与舟山两地自贸区、新区政策优势，促进软环境建设互享发展。

一是充分发挥自由贸易试验区示范带动作用。借鉴自由贸易试验区探索形成的经验成果，重点借鉴投资管理制度创新、贸易监管制度创新、金融制度创新、综合监管制度创新等。

二是共享海洋经济发展的体制机制。加快打造扩大开放的平台和载体，陆海统筹，联动发展。高效整合陆海资源，广泛联系周边区域，构建陆海统筹的港口集疏运、能源供给、水资源保障、信息通信、防灾减灾等网络，努力实现陆海产业联动发展、基础设施联动建设、资源要素联动配置、生态环境联动保护，高度重视海洋生态环境保护和海洋生态文明建设。

2. 促进舟山江海联运服务中心与上海国际航运中心联动发展路径

(1) 港口物流体系联动发展

长三角地区拥有7个主要海港和约20个内河港口，是我国港口密度最大的地区之一。如何与上海国际航运中心港口群联动发展，构建科学合理的港口物流体系至关重要。

一是加快与长三角港口群的一体化建设。长三角各港口正积极进行港航产业和要素的整合、组织和集成，实现优势互补和分工合作。一方面，舟山要积极参与跨区域港口合作，积极开辟与其他港口航班、航线，吸引各大港口经营企业参与舟山港口物流投资、建设和经营。另一方面，积极参与长三角港口管理部门合作发展联席会议等合作体制机制，推动舟山与长三角港口群建设一体化发展。

二是加强舟山枢纽港作用。舟山港是上海国际航运中心的重要组成部分，凭借资源优势和区位优势，在优化长三角地区的港口布局、弥补上海港和长江口航道水深不足与船舶大型化的矛盾、提高上海港以及长江下游诸港的整体竞争能力方面，起到至关重要的作用。舟山港要发挥枢纽港作用，进一步优化港口功能，增强江海联运服务功能。作为我国重要的对外贸易窗口和南北沿海运输的中转节点，也是长江航运的龙头和内河航运的重要枢纽，依托通江达海的优势，积极发挥对内、对外两个辐射与集聚作用。

三是深化港口物流功能。随着舟山群岛新区的建设发展，港口物流功能要从以往简单的装卸、集散货物为主的运输功能逐步扩展到仓储、货物分类、包装、加工、配送等新的服务领域，同时提高港口物流的集聚功能和综合服务功能。配合大宗商品储运中转加工中心、大宗商品的贸易中心和金融中心建设，进一步优化完善港口物流体系功能。

(2) 集疏运体系联动发展

集疏运体系是港口赖以生存和发展的重要硬件基础，与港口服务业一起成为航运中心建设的重要支柱。集疏运体系作为连接港口与腹地的“大动脉”，成为国际航运中心建设的重要组成部分，是舟山江海联运中心与上海国际航运中心联动发展的重要组成部分。

一是加强公路铁路规划建设。《浙江舟山群岛新区发展规划》提出“进一步推进连岛通道建设，加强与上海、宁波快速便捷的陆岛交通联系”。舟山要借助环杭州湾东方大通道，即舟山—岱山—大洋山—上海的海上陆路大通道的规划建设，加强公水联运和铁水联运。通过上海奉贤至嵊泗大洋山岛的公铁两用大桥、舟山本岛—岱山本岛—大洋山岛的跨海大桥建设，重点发展舟山—岱山—嵊泗公路通道和舟山—岱山—大洋山—上海的铁路及甬舟铁路。

二是突破江海不能直达的政策限制。由于海上和内河的水文条件、气候条件差异极大，海上航行的船舶对船舶的结构强度和稳性要求远高于内河船舶，我国交通运输部有关规定对内河船舶的航行区域有所限制，内河船舶不得进入海区。江海不能直达造成沿江运输必须在长江口进行二次换装，既增加成本，又制约沿江运输发展。舟山可借鉴新加坡港和香港港的经验，出台关于长江至舟山港区特定航线船舶检验和安全管理的相关规定，允许有条件的江船直达舟山，从而降低运输成本，推进沿江运输发展。

三是推动水水中转船舶研发应用。水水中转是长江航运最主要的方式之一，大力推进内陆河网、长江、舟山水水中转标准化船型及绿色节能船舶的研发、制造和应用。加大江海直达船的研究应用投入成本，将江海直达船型应用纳入长江黄金水道船型标准化补贴政策，允许企业通过融资租赁购买专业从事外贸货物运输的江海直达船舶，允许此类船舶采用自贸试验区内试点的新型船舶登记制度。

四是加强集疏运一体化服务系统建设。航运集疏运系统建设不仅是港口和不同交通运输方式基础设施等硬件建设，更重要的是对其中各个环节高效衔接的一体化服务过程建设。重点加强不同物流环节和不同运输方式转换过程中信息流、货物流和资金流衔接，优化集疏运路网和运输节点，提高道路运输效率，降低交通对环境的影响。

(3) 现代航运服务体系联动发展

上海在国际航运中心建设中，航运服务业主要集中于航运中上游产业，体现在金融、咨询、经纪、保险等要素市场的集聚，重点开展航运融资、海事保险、海事仲裁、海损理算、航运交易、航运咨询、公证公估、航运组织、船舶管理等航运融资及其管理服务业。舟山应借助自身特点与优势，加快发展国家战略物资储运加工、大宗商品交易、船舶修造、国际海事服务等服务业发展。

一是加强国家战略物资储运加工体系建设。作为石油、铁矿石、粮油等大宗散货的大型深水接卸中转基地，舟山在长江三角洲乃至长江流域中的作用日益重要，发展潜力巨大。打造大宗散货集散中心、交易中心，建设我国最大规模的大宗商品储备加工交易基地。增加国家原油战略储备与商业储备，扩大铁矿砂贸易储运园区和保税堆场，建设一批粮油、钢材、有色金属、煤炭、木材等大宗商品的储备基地、港航物流园区，完善大宗商品储运加工交易体系。

二是加强海事服务发展。加快发展以保税燃料油加注为核心的国际海事服务业发展，重点加快保税燃料油业务发展，建设国际性船用燃料油和天然气储存、混兑、供应基地，打造千万吨级加注能力的保税燃料油供应中心。加快海事人才培训基地、国际海员俱乐部等海事服务发展，建设航运人才培训和交流平台，构筑航运人才高地，集聚相关培训机构和功能性机构、培育航运人才。

三是提升航运服务体系的交易功能。充分发挥舟山矿、煤、油及粮食等大宗战略物资储备优势，发挥期货交易功能，拓展船舶交易、期货指数交易、运价指数交易等平台建设。研究设立期货交易所，争取组建国际大宗商品交易所，开展保税期货交易。推进进口大宗商品现货、电子撮合交易，探索中远期合约等交易方式。

四是大力发展邮轮经济。围绕舟山江海联运服务中心建设，积极引进大型邮轮公司，打造长三角区域邮轮经济品牌。邮轮经济是长三角旅游经济的重要组成部分，通过油轮母港，规划和建设长江沿线、浦江沿线、钱塘江沿线，连接长三角沿江、沿海城市，为长三角区域服务。使邮轮经济既为航运服务业发展拓展新的增长点，也为舟山发展增添亮点，凸显为长三角区域航运服务品牌。

（五）促进舟山江海联运服务中心与上海国际航运中心联动发展的政策建议

1. 加强航运服务基础设施建设

舟山要在继续加强港口基础设施建设基础上，(1) 推进内河航道、铁路和空港设施建设。优化运输资源配置，适当增加高速公路通道，大力发展中远程航空运输，增强综合运输能力。(2) 完善航运集疏运网络建设。加快推进全天候深水航道、锚地、港口作业船舶基地及各类港航配套设施建设，加快构建完善畅通的海上公共基础配套保障体系，全力支持长江流域海进江、江进海运输。

(3) 促进与内河航运的联动。充分利用长江黄金水道,加快江海直达船型的研发和推广,从船舶技术和安全管理方面采取措施,推动舟山港、洋山深水港区的江海直达,大力发展水水中转。充分发挥上海港集装箱中心站及铁路通道作用的同时,做好东方大通道铁路上岛规划研究,逐步提高铁水联运比例。

2. 实现多种运输方式的信息化衔接

信息化建设在舟山江海联运服务中心建设中具有重要地位。舟山应该以上海港航 EDI 信息系统为技术支持,升级建设货物多式联运电子数据交换中心,在原有系统主要承担外贸业务信息处理工作的基础上,大力发展国内多式联运的无纸化单证传输及其他数据交换业务,完善舟山与上海国际航运中心的信息服务功能联动,提高国际航运物流国内段的运输效率。

3. 完善现代航运服务发展配套支持政策

舟山江海联运服务中心要发展航运金融服务业,与上海国际航运中心联合制定船舶融资、航运保险等配套支持政策。一是积极发展多种航运融资方式。探索通过设立股权投资基金等方式,为航运服务业和航运制造业提供融资服务。允许大型船舶制造企业参与组建金融租赁公司,积极稳妥鼓励金融租赁公司进入银行间市场拆借资金和发行债券。二是制定相关税收优惠政策。积极研究有实力的金融机构、航运企业等在舟山成立专业性航运保险机构,并对保险企业从事国际航运保险业务取得的收入,免征营业税。积极研究从事国际航运船舶融资租赁业务的融资租赁企业的税收优惠政策，条件具备时，可先行在舟山试点。研究进出口企业海上货物运输保费的有关税收政策问题。

4. 加速培养复合型的国际化高端航运服务人才

高端航运服务业是人才密集型行业，其核心是专业人才，主要体现在海事服务、航运金融、航运法律、船舶评估、航运咨询和航运信息服务等领域。舟山江海联运服务中心要发展高端航运服务业，在积极吸引国际人才的同时，还需采用多种方式加速培养复合型的高端国际航运服务人才，要鼓励国内大学与国际知名航运大学联合培养专业研究生，邀请新加坡及中国香港等地相关领域专家进行培训和指导工作，邀请国外相关航运服务专业公司来上海设立分支机构，鼓励国内相关专业跨学科交叉培养人才，鼓励已有一定经验业内人员再学习适应航运高端服务发展需要的知识与技能。

5. 完善江海联运服务中心保障措施

完善江海联运服务中心发展的保障措施，优化航运发展环境。一是探索航运服务发展专项资金扶持政策。每年在地方财政中安排专项资金，用于鼓励航运及相关服务业发展。二是完善协调机制。进一步参与与国家有关主管部门、长三角地区、长江流域以及“一带一路”地区的交流合作机制。积极配合长江流域有关部门建立并完善加强航运中心建设的协调机制。三是深化改革，促进市场化运作机制形成。按照产业融合的趋势，形成适应航运金融、航运物流等产业融合发展的监管制度框架，通过管理机构的融合来促进部门间的资源重组，推进航运与其他产业的融合化发展。

四、舟山群岛新区对接中国（上海）自由贸易区

中国（上海）自贸区作为我国对外开放的重要窗口，将吸引大量的物流、资金流、信息流在此集散，对周边区域形成巨大的虹吸效应和辐射效应。舟山群岛新区毗邻上海自贸区的重要区域之一——洋山保税港区，如何利用区位、资源、政策优势，实现与上海自贸区的有效对接，形成联动效应，是舟山未来发展中需要研究的重要问题。本部分包括四方面内容，首先分析对舟山对接上海自贸区的内外部条件，然后提出舟山对接上海自贸区的功能定位与基本思路，随后针对重点对接领域展开分析，最后提出相关的政策建议。

(一) 舟山群岛新区对接上海自贸区的基础分析

1. 优势与机遇

(1) 舟山具有区位、港口资源、大宗商品集散地、人文资源等优势

一是优越的地理区位。舟山市位于我国大陆海岸线的中部，是中国南北沿海航线与长江水道交汇枢纽，背靠长江三角洲的广阔腹地，东临太平洋，是长江流域和长江三角洲对外开放的海上门户和通道。舟山群岛地扼我国沿海南北要冲，是长江三角洲的东大门，历来为兵家必争之地。

二是海岛与港口资源丰富。舟山除了有岛屿 1 390 个、明礁 3 350 多个外，较大岛屿上有较高山峰、丘岗，分层次构成高丘、低丘、平原、滩涂及海域地貌结构，使岛礁在海面上的分布如同“星罗棋布”。舟山深水岸线众多，港口资源丰富。全市水深 15 米以上岸线 200.7 公里，水深 20 米以上的岸线 103.7 公里，港域面积 1 000 平方公里，主航道可通行 20 万吨以上船舶，东部国际航线可通行 30 万吨以上巨轮。

三是大宗商品集散地。2010 年，宁波-舟山港全年货物的吞吐量已达到 6.27 亿吨，其中大宗商品约 2.21 亿吨，占了近三成的比例。舟山群岛目前已经成为国家石油的重要战略储备基地、全国

最大商业原油储运基地和矿砂中转基地，以及浙江省最大的煤炭中转基地。

2006年以来，舟山市商品交易市场规模发展快速，其中消费品市场交易额从2006年的66.2亿元增加至2012年的137.1亿元，生产资料市场交易额同期从39.9亿元增加至57.8亿元。其中，消费品市场125个，生产资料市场7个。但是近几年，生产资料市场交易额有所下降，比如2012年从上年的77.8亿元降至57.8亿元，下降了25.7%。从消费品市场交易产品来看，主要是水产品类，2012年，水产品类消费品交易额为101.9亿元，占消费品市场交易总额的74.3%。2014年年末，全市有商品交易市场132个，比上年末减少1个。

表3 舟山市商品市场交易情况 单位：亿元

年份	消费品市场交易额	肉食禽蛋类	水产品类	蔬菜类	干鲜果类	工业品类	生产资料市场交易额
2006	66.2	6.0	48.0	5.5	1.6	3.7	39.9
2007	74.2	7.2	53.2	6.5	1.7	4.1	50.1
2008	82.5	9.0	58.2	7.2	1.7	4.7	60.8
2009	85.8	9.5	60.4	7.7	1.8	4.5	49.4
2010	96.3	10.1	67.6	9.0	1.6	5.6	63.6
2011	107.6	10.8	77.3	9.0	1.7	6.6	77.8
2012	137.1	10.4	101.9	8.5	1.4	13.1	57.8

资料来源：《舟山市统计年鉴2013》。

近3年，舟山市外贸出口总额逐年下滑，但是增速下滑势头有所减缓。2012 年、2013 年和 2014 年的外贸出口额分别为 92.24 亿美元、66.49 亿美元和 57.76 亿美元，较上年分别增长 23.4%、下降 27.8%和下降 13.2%。从外贸出口商品结构来看，主要是船舶和水产品两类，2014 年，两类商品分别为 21.24 亿美元和 8.31 亿美元，分别占外贸出口总额的 36.8%和 14.4%，合计占外贸出口总额的 51.2%。其中，水产品的出口额波动不大，而船舶出口额的波动较大，同比增速从 2012 年增长 17.9%转为 2013 年大幅下降 54.2%，2014 年扭转了下滑势头，实现了 2.8%的增速。从出口商品贸易方式来看，以加工贸易和一般贸易为主，2014 年，两类贸易分别为 21.47 亿美元和 14.32 亿美元，分别占出口总额的 37.2%和 24.8%，合计占 62%。从出口地区来看，主要是欧盟、东盟、日本和韩国，2014 年，四地外贸出口总额分别为 12.05 亿美元、8.67 亿美元、4.93 亿美元和 2.29 亿美元，占出口总额的比例分别为 20.9%、15%、8.54%和 4%，合计占比为 48.4%。

表 4　舟山市外贸出口总额及其增长速度

单位：亿美元/%

指　标	2012 年		2013 年		2014 年	
	出口额	同比	出口额	同比	出口额	同比
出口总额	92.24	23.4	66.49	−27.8	57.76	−13.2
水产品	7.55	0.5	8.06	6.8	8.31	3.1
工业制成品	50.9	15	26.15	−48.7	28.12	7.4
船舶	45.09	17.9	20.67	−54.2	21.24	2.8
其中：一般贸易	13.08	−0.9	12.57	−4	14.32	13.5

续 表

指　标	2012 年		2013 年		2014 年	
	出口额	同比	出口额	同比	出口额	同比
加工贸易	44.03	16.6	21.18	−51.9	21.47	1.4
其中：日本	11.48	28.4	8.73	−24	4.93	−43.5
韩国			3.14	−40.9	2.29	−27
欧盟	10.78	−33.2	8.22	−23.8	12.05	46.5
美国			1.52	−11	0.81	−46.7
东盟	11.28	74.5	11.45	2	8.67	−24.3

资料来源：2012—2014 年《舟山市国民经济和社会发展统计公报》。

2012 年，舟山港主要货物吞吐量达 29 099 万吨，其中：绝大多数是干散货，占比高达 71.7%；其次是液体散货，占比 17.3%，两者合计占港口货物吞吐总量的 89%，而杂货、集装箱、滚装船汽车吞吐量规模较小，合计占比约 11%。货物出港 15 371 万吨，占比 53%；进港 13 728 万吨，占比 47%。从出港货物结构来看，绝大多数是干散货，占比 81.1%，其中包括 31.4%的金属矿石、9.7%的煤炭及制品，液体散货占有 9.4%的比重，其中原油和成品油分别占 3.6%和 5.7%的比重。从进港货物结构来看，多数是干散货，占有 61.2%的比重，其中金属矿石占 35.1%，煤炭及制品占 11.8%；液体散货占有 26.2%的比重，其中原油和成品油分别占 18.5%和 7.6%的比重。

因此，从舟山货物吞吐量的结构来看，舟山港的物流主要是散货的进出港，包括干散货和液体散货两类货物，其中干散货占有很高的比重。从具体货物来看，所占比重从高到低依次是金属矿石、原油及成品油、煤炭及制品。

表5 2012年舟山主要货物吞吐量

分类	单位	合计		出港		进港	
		规模	比重(%)		比重(%)		比重(%)
港口货物吞吐量合计	万吨	29 099	100.0	15 371	100.0	13 728	100.0
1. 液体散货	万吨	5 038	17.3	1 445	9.4	3 593	26.2
原油	万吨	3 097	10.6	553	3.6	2 544	18.5
成品油	万吨	1 928	6.6	881	5.7	1 046	7.6
液化气、天然气及制品	万吨	13	0.0	10	0.1	3	0.0
2. 干散货	万吨	20 870	71.7	12 466	81.1	8 403	61.2
煤炭及制品	万吨	3 115	10.7	1 491	9.7	1 624	11.8
金属矿石	万吨	9 651	33.2	4 831	31.4	4 820	35.1
散水泥	万吨	21	0.1	11	0.1	11	0.1
散粮	万吨	620	2.1	275	1.8	344	2.5
散化肥	万吨						
3. 杂货	万吨	1 135	3.9	408	2.7	721	5.3
木材	万吨						
粮食	万吨	87	0.3	61	0.4	26	0.2
化肥	万吨	4	0.0	2	0.0	2	0.0
水泥	万吨	121	0.4	3	0.0	118	0.9
4. 集装箱	TEU	503 363		255 289		248 074	
重量	万吨	416.2	1.4	222.1	1.4	194.1	1.4

续 表

分 类	单位	合计		出港		进港	
		规模	比重(%)		比重(%)		比重(%)
货重	万吨	312.2	1.1	168.9	1.1	143.3	1.0
5. 滚装船汽车吞吐量	万辆	82		41		40	
重量	万吨	1 639	5.6	829	5.4	810	5.9

（2）舟山面临加快发展的重大外部机遇

一是“两带一路”的国家战略。2013 年，我国提出以长江经济带、丝绸之路经济带和 21 世纪海上丝绸之路为核心的“两带一路”战略。舟山是长江经济带的最后一站，又是我国沿海中部重要的港口，舟山与长江经济带和 21 世纪海上丝绸之路两个国家战略密切相关。2014 年 11 月 19—21 日，李克强总理考察浙江省，明确指出舟山是长江经济带的一个战略支点，并原则上同意设立舟山江海联运服务中心。江海联运服务中心建设是未来舟山加快发展的重要历史机遇。

二是长三角一体化加快。上海则成为“两带一路”交汇点和战略基点，上海具有成为中心城市的良好前景。然而，上海的土地空间有限，未来发展将更多地依靠整个长三角地区作为经济腹地的支撑，长三角一体化和联动发展是大势所趋。舟山与上海隔海相望，具有与上海对接的区位和资源优势，通过对接长三角的中心城市——上海，以及与长三角其他地区的联动发展，舟山的发展将会大大加快。

2. 挑战与不足

(1) 外部存在国际航运业低迷、大宗商品价格下滑、港口竞争激烈等挑战

一是国际航运业低迷。受全球金融危机影响,自2008年以来,航运业就一直处于低迷的状态。航运市场供求不平衡问题依旧得不到解决,表现为运力严重过剩,船多货少。波罗的海干散货指数在过去5年持续走低,2015年以来继续下行,2015年2月底已逼近510点,创30年新低。

二是大宗商品价格持续下滑。全球经济增速放缓,各国对大宗商品的需求下降;美国即将结束量化宽松的非常规货币政策,美元进入升值周期,这导致以美元计价的大宗商品价格下跌。大宗商品需求不旺,虽然短期内国外矿企可能转移库存至国内港口,但是从长远来看,对于港口的运输业形成制约。

三是港口间无序竞争。近年来沿海各地政府加大港口的开发力度,然而粗放型的发展模式也造成了港口资源的浪费、低水平重复建设和港口间的恶性竞争。近期各地也在探索跨区域的港口资源整合和共建的模式,但是效果并不理想,区域壁垒短期仍将难以突破。

(2) 内部存在产业结构单一、基础设施不发达等不足

一是产业结构简单,能级不高。舟山是典型的海洋经济发展模式,第一产业在GDP中占10%左右的比重。工业门类并不齐全,经济发展严重依赖于海洋相关产业,比如船舶制造与修理、水产品加工、港口运输、批发与零售贸易等。存在产业布局相对分

散、产品档次总体不高、创新能力有待加强等问题。长三角的很多高附加值的行业,比如信息与通信、电气设备等在舟山没有得到很大的发展。近年来,舟山市第一产业占 GDP 的比重稳定在 9.8%左右,第二产业的比重从 2008 年的 45.5%下降至 2012 年的 44.9%;第三产业的比重小幅上升,从 2008 年的 44.4%升至 2012 年的 45.4%。2012 年,舟山市 GDP 为 853.2 亿元,其中第一产业 83.1 亿元,占比 9.8%;第二产业 382.9 亿元,占比 44.9%;第三产业 387.2 亿元,占比 45.4%。总之,舟山市的产业结构是二三产业并举,三产稍多。

表 6 舟山市三次产业结构 单位:亿元,%

指 标	2008 年		2009 年		2010 年		2011 年		2012 年	
	绝对数	占比	绝对数	占比	绝对数	占比	绝对数	占比	绝对数	占比
GDP	509	100	535.2	100	644.3	100	772.8	100	853.2	100
第一产业	49.7	9.8	52.2	9.8	62.0	9.6	76.0	9.8	83.1	9.7
第二产业	233.3	45.8	242.7	45.3	293.3	45.5	349.2	45.2	382.9	44.9
第三产业	226.0	44.4	240.3	44.9	289.0	44.9	347.6	45.0	387.2	45.4

资料来源:《舟山统计年鉴 2013》。

2012 年,舟山市规模以上企业工业总产值 1 199.8 亿元,工业增加值 221.6 亿元。根据工业增加值比重,规模排在前 5 位的工业行业分别是铁路、船舶、航空航天和其他运输设备制造业(51.8%),化学原料及化学制品业(11%),金属制品、机械和设备修理业(10%),水产品加工(6.6%),纺织业(2.2%)。

表 7　2012 年规模以上工业主要行业总产值及增加值

单位：亿元，%

行　　业	工业总产值	比重	工业增加值	比重
铁路、船舶、航空航天和其他运输设备制造业	558.8	46.6	114.8	51.8
化学原料及化学制品制造业	164.1	13.7	24.3	11.0
金属制品、机械和设备修理业	59.1	4.9	22.2	10.0
农副食品加工业	188.2	15.7	16.0	7.2
水产品加工	142.9	11.9	14.6	6.6
纺织业	23.1	1.9	4.9	2.2
工业总计	1 199.8	100.0	221.6	100.0

资料来源：《舟山统计年鉴 2013》。

2012 年，舟山市第三产业增加值为 387.2 亿元，分别比 2010 年和 2011 年增长 20.3%和 11.4%，第三产业保持了快速增长的态势。分行业来看，第三产业中，增加值比重较高的行业包括交通运输、仓储和邮政业（23.6%），批发和零售业（19.5%），金融业（14.2%），房地产业（9%）和公共管理和社会组织（8.2%）。动态地看，2010—2012 年，比重提高较多的是批发和零售业，两年提高了 2.4 个百分点。

虽然舟山的第三产业在国民经济中占据重要地位，但主要是传统服务业，其中第一大行业是交通运输、仓储和邮政业，占有第三产业 1/4 的比重。贸易、金融、航运、专业服务业等现代服务业的比重还有待提升。

表 8　舟山第三产业增加值构成　单位：亿元，%

行　业	2010 年		2011 年		2012 年	
	增加值	比重	增加值	比重	增加值	比重
第三产业	289.0	100.0	347.6	100.0	387.2	100.0
交通运输、仓储和邮政业	70.7	24.4	85.6	24.6	91.4	23.6
信息传输、计算机服务和软件业	9.3	3.2	9.8	2.8	10.9	2.8
批发和零售业	49.5	17.1	61.7	17.7	75.7	19.5
住宿和餐饮业	12.3	4.3	16.8	4.8	18.9	4.9
金融业	45.3	15.7	51.2	14.7	55.1	14.2
房地产业	26.4	9.1	29.4	8.5	35.0	9.0
租赁和商务服务业	9.5	3.3	11.4	3.3	9.4	2.4
科学研究、技术服务和地质勘查业	3.4	1.2	4.0	1.1	4.7	1.2
水利、环境和公共设施管理业	7.8	2.7	10.8	3.1	12.9	3.3
居民服务和其他服务业	5.4	1.9	6.6	1.9	7.5	1.9
教育	12.7	4.4	14.7	4.2	16.0	4.1
卫生、社会保障和社会福利业	7.9	2.7	10.9	3.1	11.9	3.1
文化、体育和娱乐业	4.0	1.4	4.7	1.3	5.9	1.5
公共管理和社会组织	25.0	8.7	29.9	8.6	31.9	8.2

资料来源：《舟山统计年鉴 2013》。

二是基础设施不够发达。由于资金和技术力量不足,直接经济腹地小,水、电、交通、通信等基础设施建设不足,深水岸线资源开发程度严重不足,集疏运交通体系不完善,对于舟山国际航运业发展形成了制约。

(二) 舟山群岛新区对接上海自贸区的功能定位

1. 上海自贸区的发展成果

中国(上海)自由贸易试验区(简称上海自贸区)2013 年 9 月 29 日挂牌。2014 年 12 月 28 日,国务院批准扩展上海自贸区的范围,将浦东新区的陆家嘴金融片区、金桥开发片区、张江高科技片区纳入自贸试验区试点范围,面积从 28.78 平方公里扩展到 120.72 平方公里。其中综合保税区(包括外高桥保税区、外高桥保税物流园区、洋山保税港区、浦东机场综合保税区)28.78 平方公里,陆家嘴金融片区 34.26 平方公里,金桥开发片区 20.48 平方公里,张江高科技片区 37.2 平方公里。新加入的 3 个片区集聚了金融业、科技创新、先进制造业和服务业等,使得上海自贸区能够在更广范围内对不同产业类型的创新进行测试,同时,也使得上海自贸区建设与上海“四个中心”建设更紧密地结合。

相对于保税区的国际贸易、保税仓库、出口加工等简单功能,自贸区的功能得到了很大的提升,具有国际贸易、航运服务、金融服务、高端制造、专业服务等功能。

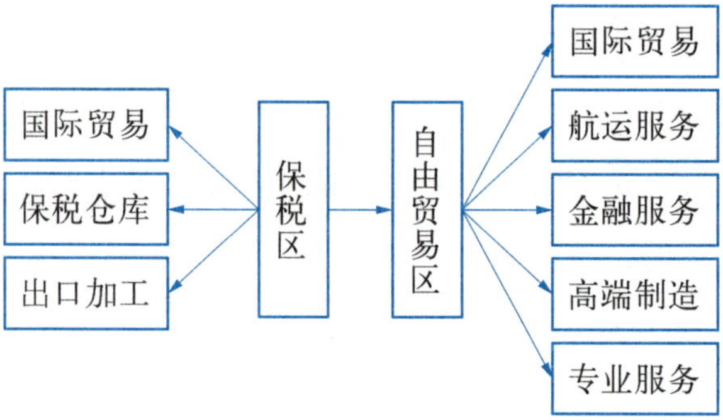

图1 从保税区到自贸区的功能变化

(1) 发展现状

2014年,上海自贸区实现进出口7 623.8亿元,同比增长8.3%,比全市进出口总体增速高出3.7%,占全市进出口总值的26.6%。上海自贸区的外贸结构和全市一样,继续保持进口规模大于出口规模的局面,进口5 587.7亿元,同比增长7.3%。在进口商品中,生产资料比重高于生活资料,消费品进口约占进口总量的20.5%,增幅强劲。2014年,上海自贸区进口消费品达1 142.6亿元,同比增长21.4%,增速较2013年提升10.7个百分点。其中,在汽车、医疗药品、婴幼儿奶粉、文化产品等消费品的进口量上创了新高。自贸区(洋山保税港区)海关监管进口汽车8 315辆,同比增长1.2倍。自贸区(外高桥保税区)海关监管进口医疗器械、药品货值分别达186.6亿元、368.3亿元,同比分别增长22.1%、23.2%。自贸区(外高桥保税区)海关累计监管进口婴幼儿配方奶粉3.47万吨、货值27.45亿元,同比增长21.4%和19.6%。自贸区(外高桥保税区)海关累计监管进口文化产品4.8亿元,同比增长71%。海关数据还显示,自贸区内海关注册企业已达 1.25 万家,2014 年新注册企业 6 950 家,同比增长 4.9 倍。

(2) 主要创新成果

2014 年,上海自贸区建设取得了重要阶段性成果。

以负面清单管理为核心的投资管理制度基本建立。修订出台 2014 版负面清单,将外商投资准入特别管理措施由 2013 版的 190 条减少到 139 条。深化商事登记制度改革。全年区内新增注册企业 11 440 户。其中,内资企业 9 383 户,注册资本 3 329 亿元;外商投资企业 2 057 户,合同外资 118 亿美元。集聚总部经济企业 258 家,其中亚太营运商 22 家。年内全面实施第一批服务业六大领域 23 项开放措施。

以贸易便利化为重点的贸易监管制度有效运行。创新"一线放开、二线安全高效管住"的监管制度,海关、检验检疫、海事等部门推出 60 多项创新举措,进口平均通关时间比区外减少 41.3%,出口平均通关时间比区外减少 36.8%。启动实施国际贸易"单一窗口"管理制度,新一轮对外开放措施全面落实。

以资本项目可兑换和金融服务业开放为目标的金融创新制度有序推进。自由贸易账户、扩大人民币跨境使用和深化外汇管理改革等试点稳步实施。已通过分账核算系统验收的 10 家银行共开立了 9 741 个自由贸易账户;自贸试验区跨境人民币结算总额 3 226 亿元,其中,跨境人民币境外借款业务累计金额 197.28 亿元,跨境双向人民币资金池业务收支总额 783 亿元。

以政府职能转变为核心的事中事后监管制度初步形成。区内27项制度创新成果已先后在全国或部分地区复制推广。

2. 舟山群岛新区对接上海自贸区的功能与定位

上海自贸区是我国对外开放的平台，也是改革先行先试的试验区。随着自贸区的各项制度创新的开展，一方面，上海自贸区将推进贸易自由化和投资便利化；另一方面，金融服务、航运服务等高端服务业和高端制造业也将随之得到发展。上海自贸区不仅服务于全国，同时也是上海建设“四个中心”的重要载体。从“四个中心”的关系来说，经济中心是贸易中心的基础，航运中心、金融中心都是服务于贸易中心的需要，上海自贸区的核心功能目标是成为国际贸易平台，推动上海国际贸易中心乃至“四个中心”建设。

上海自贸区对周边区域主要产生两种效应，即集聚效应和辐射效应。由于具有企业的国际化运营、贸易便利化、金融自由化等优惠政策会直接促使有海外业务的企业更愿意将一些总部功能放到上海，并且吸引周边省市大型企业的财务中心、运营中心和营销中心等功能性的企业总部迁至上海。不仅自贸区将吸引核心生产要素的集聚，在需求方面也将产生集聚效应，集聚周边更多的人流、物流、信息流等。比如，随着上海自贸区的贸易、物流功能的进一步强化，基于自贸区的免税、保税、完税功能发展起来的高端服务业、高端消费品进口等，自贸区将吸引附近区域的高端消费需求，影响相应省份的高端消费品进口。与此同时，由于自贸区内土地成本、人工成本较高，基于降低商务成本的考虑，上海自贸区需要更为广阔和低成本的经济腹地区域，也会促使诸如高端制造业向周边地区转移。

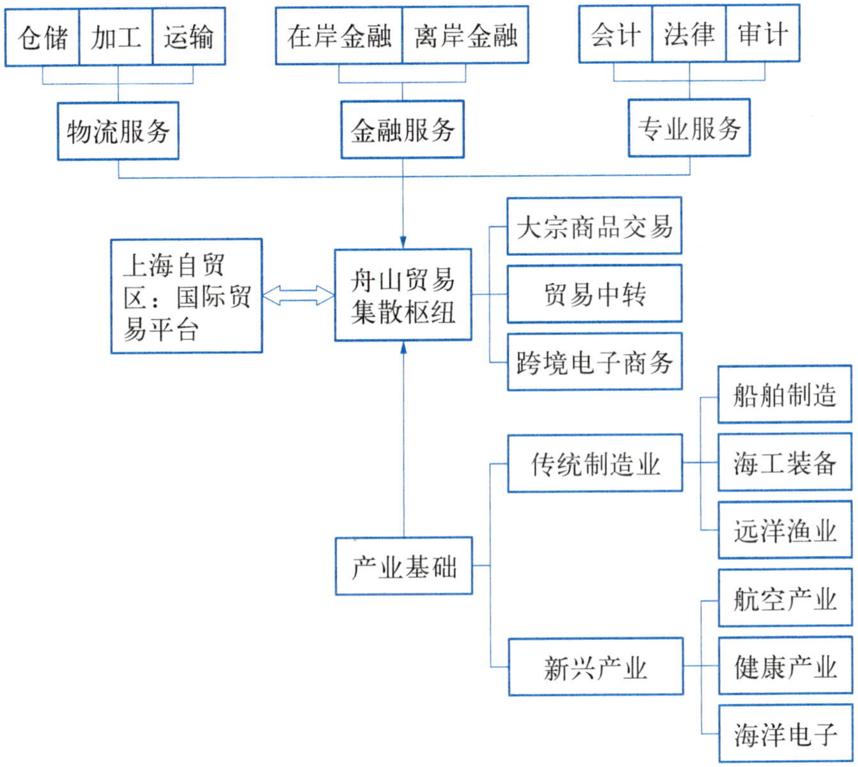

图2　舟山对接上海自贸区的功能定位

舟山与上海隔海相望，港口资源丰富，未来与上海的联系将会更加紧密。舟山市的总体定位是“一中心三基地”，包括江海联运服务中心、国际海事服务基地、绿色石化产业基地、国际远洋渔业基地。其中江海联运服务中心的重点是大宗商品储运中转加工交易及金融、海事服务等配套内容。江运和海运有效联通之后，不仅能够让长江经济带的货源通过舟山出海，也使大宗商品更容易输送到长江经济带沿岸及沿海、内陆的目的地，从而能够增强舟山集疏运能力，扩大舟山港的货运量的规模，并且带动衍生产业的发展，舟山大宗商品储运中转加工交易基地的地位必然大大强化。从江海服务联运中心的国家战略定位来看，舟山群岛新区对接上海自贸区国际贸易平台，其核心功能定位可以称为上海自贸区的重要经济腹地和长三角地区的重要贸易集散枢纽。

3. 舟山群岛新区对接上海自贸区的基本思路

(1) 以产业链为基础的对接

以产业链为基础的对接，是指通过以产业链和产品链在区域之间形成产业关联，比如地区之间从供应、生产到销售的纵向配套关系而联结形成供应链的模式，或是建立在产品结构的异构互补和产业梯度传递基础上的合作。未来舟山江海联运服务中心的发展过程中，需要进一步深化这种与上海的区域产业联动。舟山和上海两城市在产品结构、服务内容上存在较大的差异，可以充分利用这些梯度差异开展合作，比如上海发展高端制造业，舟山则主要发展为上海高端产业提供配套的中间产品制造业；舟山的物流业以散货为主，上海物流业以集装箱为主，通过江海联运的合作，实现两地的共同发展。

(2) 以价值链为基础的产业对接

价值链可以分为研发、生产、销售等环节，其中价值链的两头包括研发和销售是价值链的高端环节，而生产环节在价值链中的地位相对较低。在未来区域经济发展中，上海作为中心城市掌握技术、市场、品牌等价值链高端环节，重点发展总部经济、服务经济等产业，而周边地区主要是制造、加工、仓储等价值链基础环节，从而实现中心与腹地之间有效的产业分工与合作。从上海的发展趋势来看，虽然目前上海集聚了长三角区域及全国其他地区企业的功能性总部及跨国公司的国内总部，但是从一些高端产业或产品来看，比如电脑行业中的芯片，上海并没有占据价值链的高端环节。对于这些产业或产品，其在全球及国内的空间布局还是由跨国公司(比如美国 Intel 公司)主导来进行的。未来，上海将进一步增强创新和研发能力，引导本地产业逐渐走向价值链和功能链的高端环节，在这些环节逐渐地替代国外企业或产业。在此基础上，积极开展以价值链和功能链为基础的跨区域的产业分工与合作。这其实为周边地区包括舟山提供了良好的发展机会，部分初级研发产业、地区性总部、制造环节可能进一步转移出来，在产业转移和承接过程中周边地区获得发展机遇。

这种价值链为基础的产业对接可以更多地通过龙头企业带动合作的模式来实现。该模式是以核心城市为中心，吸附和发展周围联合配套企业所形成的一种网络状关联拓展关系。中心城市对周边地区的企业形成一定的集聚效应，龙头企业的功能性总部集聚上海后，分部、制造基地一般仍旧留在舟山，总部与分部及制造基地之间有着密切的联系；或者，上海的大型企业基于两地的比较优势将制造和生产环节，或者是物流仓储环节放到舟山，通过价值链的空间分离和区域间的分工，形成两地之间的产业合作。

(3) 资源和市场协同型合作

该模式是指地区间虽非上下游的纵向供应链关系，但却共用相同的资源、具有共性技术以及面对相同市场。

一是资源协同。上海和舟山同为港口城市，物流业是两地共同发展的一个重要行业，交通运输、仓储和邮政业是舟山市第三产业的首位行业，2012年占有第三产业1/4的比重，2010年，这个行业占上海市第三产业8.5%的比重，近两年由于国外市场低迷出口下滑，2013年，交通运输、仓储和邮政业占上海市第三产业的比重降至7%。舟山具有良好的港口资源，上海发展国际航运中心需要充分利用这些资源，把舟山的资源和上海的港口物流基础设施结合起来，有利于加快两地共同发展。

二是市场协同。上海自贸区是一个对外开放的窗口和平台，上海自贸区不仅集聚了从事贸易、制造加工、专业服务等领域的大量中外资企业，还面临国内和国外共同市场。虽然两地物流业的商品内容和运输方式有差异，但是可以共享基础设施、信息、客户等资源，合作开拓国内外市场。

4. 舟山群岛新区对接上海自贸区的重点领域

舟山群岛新区对接上海自贸区的具体内容，首先是贸易对接，包括大宗商品市场、跨境(电子)商务以及贸易加工仓储等。其次是产业对接，既包括船舶制造业、海工装备业、远洋渔业基地、物流业等传统产业，也包括航空产业、健康产业、海洋电子产业等新兴产业。再次是制度对接，舟山对接上海自贸区虽然有地理位置上的优势，但是能否实现有效对接，更取决于舟山能否复制和推广上海自贸区的相关制度，为市场主体营造一个良好的经济和贸易发展环境。同时,舟山与上海自贸区的对接有必要和舟山江海联运服务中心建设结合起来,需要进一步增强舟山相关服务业的功能,包括物流产业的储运、加工、中转等物流服务功能;交易、信息服务等贸易服务功能;围绕航运、船舶租赁、海事理赔、船舶投资等金融服务功能;法律、会计、审计等专业服务功能等。

(三) 贸 易 对 接

贸易可以按交易产品类型分为工业品贸易和消费品贸易两类,也可以根据交易的地域分为国内贸易和进出口贸易两种。对于舟山来说,未来建设大宗商品储运中转加工交易、远洋渔业基地的过程中,有三类贸易发展的主要领域,包括大宗商品交易市场、水产品交易市场和跨境电子商务。当前这三类贸易领域的代表性企业也比较集中,分别是舟山大宗商品交易所、国际水产城和舟山进口商品直销中心。

1. 上海的商品交易市场和期货市场发展

按照商务部的界定,大宗商品交易市场主要指专业从事电子买卖交易套保的大宗类商品批发市场,又被称为现货市场。大宗商品不仅具有商品属性,还由于可套保、投机等性质而具有金融属性。在上海自贸区,发展大宗商品交易市场和期货市场,提升大宗商品的定价权成为上海建设国际贸易中心的重要抓手。

上海自贸区扩区后，陆家嘴金融片区被纳入上海自贸区范围，陆家嘴金融区的上海期货交易所成为舟山大宗商品交易市场的主要对接对象。上海期货交易所目前有黄金、白银、铜、铝、锌、铅、螺纹钢、线材、燃料油、天然橡胶、石油沥青、热轧卷板、镍、锡等 14 种期货合约。2014 年 1—12 月，上海期货交易所累计成交量为 8.42 亿手，累计成交额为 63.23 万亿元，同比分别增长 31.10% 和 4.67%，分别占全国市场的 33.61% 和 21.66%。12 月成交量为 1.13 亿手，成交额为 6.85 万亿元，分别占全国市场的 35.78% 和 11.87%，同比分别增长 97.99% 和 36.17%，环比分别增长 4.46%和 9.12%。

2013 年 11 月，经中国证监会批准，上海期货交易所出资在上海自贸区内设立了上海国际能源交易中心，其经营范围包括组织安排原油、天然气、石化产品等能源类衍生品上市交易、结算和交割，制定业务管理规则，实施自律管理，发布市场信息，提供技术、场所和设施服务。2014 年 12 月 12 日，中国证监会批准上海国际能源中心开展原油期货交易。原油期货已于 2018 年推出。在国内原油期货即将推出的同时，原油现货也在加快发展步伐。据统计，从 2014 年第三季度到 2015 年 1 月，国内有超过 10 家大宗商品现货交易平台公司已推出或拟在 2015 年上半年推出原油现货新品种。

上海自贸区集聚的大宗商品交易市场不断增加。截至 2015 年 2 月，8 个大宗商品的国际化交易平台建设方案已经获得上海自贸区管委会、上海市商务委员会、上海市金融服务办公室等部门的批准,这些平台将在半年内完成开业验收,通过后就能上线。在全球大宗商品市场行情黯淡,多数商品普遍呈下跌趋势的背景下,上海自贸区大力建设大宗商品国际交易平台,一方面是为了助力上海自贸区实体经济发展,另一方面也是为了积极争取大宗商品的国际定价权。

表 9 上海自贸区的 8 家大宗商品交易市场

名称	主要发起方	交易品种
中汇联合大宗商品交易中心	南宁(中国—东盟)商品交易所	现货白糖、粮油及化肥品种
上海自贸区液化品国际交易中心	上海易通电子商务有限公司(易贸经纪)	苯乙烯、乙二醇和甲醇等
上海钢联大宗商品国际交易中心	上海钢联	金属材料、矿产品、化工原料及产品、农产品、煤炭、石油、水泥、建筑材料等行业
上海亚太国际商品交易中心	中铁物贸有限责任公司	电解镍、焦煤和锰矿石等。
上海华通白银国际交易中心	上海华通铂银交易市场	国标一号白银、铂、钯等。
上海有色网金属交易中心	上海有色网信息科技股份有限公司	铜及其他有色基础产品
上海自贸区铁矿石现货电子交易中心	宝钢股份	铁矿石
上海自贸区棉花国际交易中心	上海纺织集团	棉花

资料来源:www.hexun.com.

2. 舟山大宗商品市场与上海自贸区商品市场的对接思路

我国商品流通市场经历了从现货市场到大宗商品市场再到期货市场的逐渐发展过程。其中，现货市场是基础，主要通过现货交易承担贸易功能，大宗商品市场是商品流通市场进一步发展的结果，其不仅有现货交易，还有中远期交易、电子商品交易，不仅可以实现贸易功能，还具有保值及投资功能，但是也以贸易功能为主。期货市场是商品流通市场发展的高级形式，其主要功能是保值、投资及价格发现(见图 2)。上海的商品流通市场以大宗商品市场和期货交易所为主要形式，而舟山的商品流通市场以现货市场和大宗商品交易市场为主要形式。

(1) 期现对接，主要是促进浙江舟山大宗商品交易所与上海期货市场(包括上海期货交易所和上海航交所等机构)的业务合作

2014 年，浙江舟山大宗商品交易中心、综保区等重点交易平台快速发展。浙江舟山大宗商品交易所当前品种包括油品、LNG、铁矿砂、煤炭、粮油、化工品、钢材、水产品等。2014 年全年完成网上电子交易额 15 565.91 亿元，比上年增长 121.1%，入驻企业完成现货贸易额 252.09 亿元，增长 116.3%。和上海期货交易所共有的交易品种包括燃料油、螺纹钢、白银三种。

表 10 上海期货交易所与舟山大宗商品交易所的交易品种

上海期货交易所	浙江舟山大宗商品交易所
黄金、白银、铜、铝、锌、铅、螺纹钢、线材、燃料油、天然橡胶、石油沥青、热轧卷板、镍、锡等 14 种期货合约	油品、LNG、铁矿砂、煤炭、粮油、化工品、钢材、水产品等

首先,产品和业务合作:

一是两地市场在交易商品上应当有所分工。需要根据舟山港自身的优势,以及与上海港口的错位发展,舟山重点发展原油、天然气、化工、铁矿砂、煤炭、农产品、水产品等的交易,上海自贸区重点发展原油、有色金属的期货交易。

二是舟山要重点发展物流仓储加工产业。货物流在舟山港中转期间,部分货物可能需要舟山提供或者分级、混装、加包装、贴标签等不改变进口货物形态、性质、结构或效用的服务。有些货物可能需要舟山提供加工服务,经过加工后再运输至进口国的贸易方式。这是通过转口贸易带动相关制造业的发展。

三是整合物流配送资源,建立两地交易市场之间的物流交割体系。可以开展期货市场与现货市场在仓单流转、标的物的仓储交割等方面的战略合作,实现交易在上海,仓储、交割在舟山,以及通过舟山的客户或仓单在上海套保,实现场内场外市场仓单服务与合作套保。

四是促进舟山大宗商品交易所和上海期货交易所的交易系统的对接。通过市场化手段在两地交易市场之间联网交易,让更多的投资者和交易者上平台,把平台做大做强做优;充分发挥电子商务和平台经济的优势,上市相同或相近品种的交易市场实行联网交易,鼓励跨市场套利交易。

其次,资源与市场的合作:

舟山大宗商品交易所及其他现货市场要加强与上海能源交易中心及上海期货交易所的合作,包括信息资源共享、业务合作、联

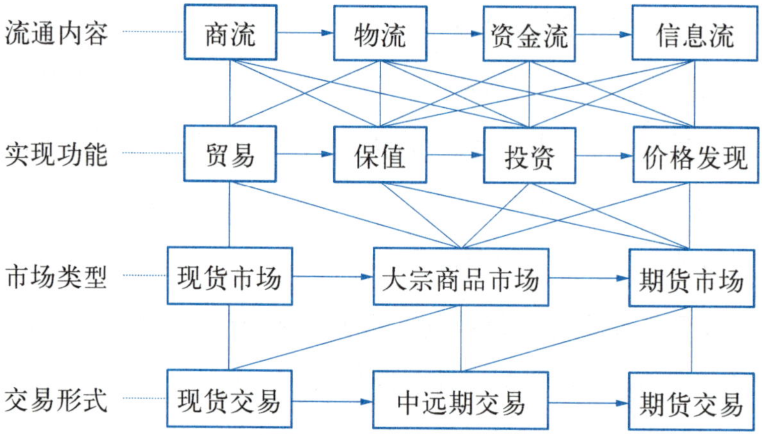

图 3　商品流通市场的类型与功能示意图

网交易，甚至推进股权合作等，逐步打破地域界限，促进两地在贸易方面的一体化，形成期货与现货互动、场内与场外互通、线上与线下互应、境内与境外互联的多层次衍生品市场体系，最终实现市场功能的有效提升。对大宗商品交易市场的产品进行统一结算，制定相对统一、可相互转化的交易机制，通过对接系统共享交易信息，并借助期货交易所实现统一结算，形成以交易所为核心的交易平台，形成场内场外、期货现货市场的联动。现货市场通过运费、升贴水等形式建立自身价格与期货价格的联系。上海期货交易所的价格机制更权威，舟山大宗商品交易所可以发布上海期货交易所的相关商品的价格和供求信息，帮助投资者和交易者加深对期货市场的了解，吸引现货市场参与者进入期货市场。舟山大宗商品交易所也可以在上海自贸区，包括陆家嘴或者临港设立分中心发布自身商品的现货价格，促进期现货价格的联动。中国（舟山）大宗商品交易所应积极推进与上海航交所共同开发并定期发布反映海运物流经济景气程度的江海联运指数信息或“舟山指数”。借助于上海自贸区的期现货市场,舟山大宗商品市场不断发展交易对象,扩大市场规模,完善定价机制,与上海自贸区的期现货市场一起,使得国内大宗商品的定价更为权威,使得全球大宗商品的定价权逐渐向长三角地区转移。

再次,价值链的有效连接:

在业务合作的基础上,逐渐实现股权融合与统一结算。从长远的视角来看,应进一步强化舟山大宗商品交易所与上海自贸区的直接联系,可以在上海自贸区设立分中心或功能性总部,直接作为自贸区的组成部分;同时促进上海自贸区的期货公司参股舟山大宗商品交易所,通过股权作为纽带,使得上海自贸区与舟山大宗商品交易平台更紧密地连接在一起。

(2) 现现对接,主要是促进舟山国际水产品交易市场与上海自贸区相关市场平台的对接

渔业是舟山的传统基础产业,对于全市经济社会协调发展具有十分重要的作用。长期以来,舟山的渔业经济(包括远洋渔业)主要以一产为主,而二、三产业发展缓慢。舟山国际水产城作为舟山渔业交易的重要平台,通过交易、信息、资金等服务,带动渔业发展和城市建设。2014 年,舟山国际水产城实现水产品交易量 64.7 万吨、交易额 93.4 亿元,分别比上年增长 2.67%和 9.88%,上缴税收 4 000 万元,实现电商产值 1 000 多万元。国际水产城的未来发展目标,包括打造国内设施一流、管理一流、服务一流的大型重点国家级水产品批发市场,把水产城建设成为全国水产品物流集散中心、价格形成

中心、信息传播中心、会展贸易中心和旅游服务业集聚中心。此外,2014年8月,舟山国际水产城还设立了电子商务产业园,不仅引进了天猫电子商城、1号店网上超市,还自建了电子商务平台,实现了有形实体市场与无形网络市场良性互动、共同发展。

上海自贸区也有类似的水产品交易中心,比如由上海水产行业最大的民营企业之一——上海鲨凌贸易有限公司发起筹建的凌海国际农产品贸易中心,首期工程总投资8亿元,以打造国际一流的水产品贸易中心为目标,总建筑面积10万多平方米。后续工程还将建设猪羊肉等农产品交易的场所。其目标是打造一个集"电子商务、展示销售、商品储存、冷链配送"为一体的贸易中心,中心提供全方位工商、税务、质检、卫生、检疫、银行结算、运输及安保等服务,拍卖交易、对手交易、网上交易等多种交易形式并存,水产品交易将由传统的"铺位经济"向"席位经济"转变、传统贸易商模式向现代贸易商模式转型升级,实现水产品"线上交易、线下交收、电子结算、快速配送",创新一个新颖的、与国际接轨的贸易中心。

着眼于对接上海自贸区,一方面,可以在上海自贸区开设舟山国际水产城上海分市场(中心),包括跨境电子商务内容,利用上海自贸区的平台,以及水产交易平台的集聚效应,推动舟山国际水产城的国际化、专业化发展。上海分中心主要承担营销、交易、价格发现、金融等功能,舟山总部提供管理、品牌、物流、仓储、交割等功能。另一方面,吸引上海自贸区的水产品经营企业参股舟山国际水产城,利用上海企业的技术、品牌、管理、营销等方面的经验,推动舟山国际水产城做大做强。

3. 跨境电子商务的对接——进口商品(展示)交易平台的合作

展销中心和直销店的商品都是“直采直销”,既能确保正品货源,又由于减少了各级代理商的利润、超市进门费、条码费等中间流通环节费用,因而有比较明显的价格优势。展销中心是保税商品展示、批发、零售、培训和品牌代理为一体的展销平台,提供国际品牌的即时展销平台,以展促销,减少贸易流通环节,提升商品的市场竞争力。自 2013 年 12 月 26 日正式营业以来,上海外高桥进口商品直销中心生意火爆,先后在上海本地及武汉、合肥、常州等地开设了多家分店。

2014 年 10 月,舟山进口商品展销中心三期在北蝉顺利开业。2015 年 1 月 1 日和 5 月 1 日,舟山港综保区陆续建立了两家进口商品直销中心——进口商品直销中心旗舰店(临城商贸中心二期)和东港直销中心。进口商品直销中心旗舰店以酒类、食品、冷鲜、工艺品及日用品等为主,来自欧洲、美洲、澳洲、东南亚等国家和地区的近 3 000 个进口商品在此销售,将成为国际贸易商在舟山营销市场的“试验田”,为综保区国际商品进口基地提供“经验数据”。东港直销中心依托综保区优势,采用了“前店后仓”的经营模式,东港店是运用“O2O”(Online To Offline)模式销售进口商品的商品直销中心。进口直销模式向电子商务发展,打破城市地域限制。市民可以上网店(金蚂蚁精品商场)选购进口商品。网络“货架”上的商品不仅包括了东港店内的 2 000 余种商品,还有宁波地区的进口商品，商品价格与实体店差距甚微。

与上海自贸区对接方面，舟山的跨境电子商务可以与上海的进口商品直销中心进行联通，互通有无，合力打造线上线下一体化进口商品电商平台。此外，可以在上海设立分中心，负责营销、技术、品牌等功能，利用上海自贸区的平台优势，将跨境电子商务做强做大。可以与上海进口商品直销中心进行股权上的合作，在舟山、浙江甚至省外共同设立新的进口商品直销中心。

(四) 产 业 对 接

1. 改造提升传统产业

目前，舟山制造业占比较大的行业包括船舶制造业(51.8%)，化学原料及化学制品业(11%)，金属制品、机械和设备修理业(10%)，水产品加工(6.6%)，纺织业(2.2%)。交通运输、仓储和邮政业是舟山第三产业中的第一大行业。舟山对接上海自贸区首先必须改造和提升海洋经济的相关产业。

(1) 发展船舶制造业

与上海自贸区的船舶制造龙头企业及产业链上下游企业建立合作关系。重点发展船舶制造、船舶修理、船舶配套、绿色拆船等，与上海自贸区的船舶制造企业形成协作关系。包括外高桥船厂、沪东造船厂、江南造船厂、上海船厂等。继续为上海的船舶制造龙头企业配套生产船舶分段、舱盖板等产品。推动船舶产业的产品升级,要加大创新研发力度,瞄准高端产品,制造高科技含量、高附加值的船舶产品。做低速柴机油、甲板机械这样高端、核心的船舶配套产品,提高本地船舶配套产品的装船率。

(2) 发展海工装备产业

舟山的船舶制造业是工业第一大行业,上海自贸区的船舶制造业逐渐走出了行业的低谷。上海临港海洋装备制造业在经过近3年的行业低迷后,自2013年下半年逐步复苏,船舶订单保持高位。2014年1—10月,上海临港船舶企业实现产值33.6亿元,同比增长30.1%。同时,国家长江经济带开发战略为船舶制造业提供了良好发展机遇。

全球海工装备市场已经形成了三层级梯队式竞争格局,欧美垄断了海工装备研发设计和关键设备制造,韩国和新加坡在高端海工装备模块建造与总装领域占据领先地位,而中国和阿联酋等主要从事浅水装备建造,开始向深海装备进军。舟山应当加快培育海工装备产业,以资金、技术较为雄厚的龙头骨干企业为主力,以承接中低端海工装备订单为突破口,寻求在嵌入海工装备的全球价值链基础上逐步向高端升级,实现船舶工业向海工装备制造业转型。包括大力发展海洋资源勘探与开发装备、择优发展海洋工程作业船和高端船舶、统筹发展海洋工程装备配套系统和设备。与上海及其他沿海港口城市产品结构的互补。上海船舶产业重点发展LNG船、超大型集装箱船等高端船舶,舟山应当错位发展,中小型干散货船型、专业船型等,包括浮式生产储油船(FPSO)、海洋平台供应船等多种海工产品。海洋工程装备配套系统和设备,逐渐从目前的中低端配套，向附加值更高的核心高端配套发展，形成大功率动力及传动系统、动力定位系统、提升系统、甲板吊机等关键配套设备和零部件制造能力，逐渐实现进口替代。

(3) 建设远洋渔业基地

发展水产品公共保税仓库或出口加工区，做大来料加工这一产业，解决水产加工企业原料供应，实现水产加工企业两头在外，大进大出，快进快出。吸引上海自贸区的水产品加工企业或外资企业参股或者新设立舟山的相关企业。

推进国家远洋渔业母港、现代远洋水产品交易市场和加工园区建设，支持企业开展远洋渔业国际合作，建立境外远洋渔业基地。生产环节，要扩大远洋作业规模，提升综合生产能力，组建一支更具竞争力的远洋渔业生产主力军；加工环节，要在现有基础上，进一步延伸加工链，提升水产品精深加工水平；集散环节，要通过强化市场建设，进一步提升基地吞吐能力，形成远洋渔业的集散中心。

(4) 推进交通运输、仓储和邮政业转型升级

上海自贸区的发展将给长三角地区物流业的发展带来良好机遇。舟山市应该借机发展现代物流产业，推进交通运输、仓储和邮政业的转型升级。发展包括仓储物流装备、装卸物流装备、智能化系统集成、关键部件及配套为主重点培育。推进和鼓励物流公司从单纯的服务出口加工区内企业转向辐射区外广大进出口企业，从初级的保税仓储转向分拨配送等高级供应链管理，帮助物流企业提高资源使用效率。

2. 发展培育新兴产业

(1) 积极规划建设航空产业园区

朱家尖通用航空产业园,通过干线飞机制造,带动通航制造、零部件保税物流及配套产业发展,形成航空产业集群,发展通航运营,对接国际航空产业转移,实现重大项目落地。继续招引商务机制造、航空器维修、空海一体化等项目,选择发展航空制造、运营保障以及航空衍生产业。

(2) 将健康产业做大做强

当前舟山的医疗服务、养老养生和休闲旅游等健康相关产业已具备一定基础,但总体上还是呈现"低、小、散"的状态。未来应当依托海洋旅游打造医疗旅游先行区,重点围绕医疗性健康产业、非医疗性健康产业和休闲旅游产业三大领域,通过加大政策引导扶持,优化规划布局,实施项目带动,加快推进健康产业发展。

(3) 加快建设国家海洋电子产业基地

推进海洋通信应用产业园、船舶电子研究院等项目,统筹推进海洋大数据中心建设。推进科技研发、咨询中介、工程管理等生产性服务业发展,培育相关服务平台和服务链,促使船舶制造业从生产型制造业向服务型制造业转变。

3. 以离岸金融和融资租赁业务为重点发展金融产业

上海自贸区成立以来,在存款利率市场化、自贸区企业融资、自贸区支付结算、自贸区企业资金管理、自贸区对外直接投资、自贸区内金融机构集聚、开设自由贸易账户(FT 账户)以及跨国公司资本集中运营管理等方面开展创新。比如,2014 年 3 月开始,人民银行放开了自贸区内 300 万美元以下的小额外币存款利率上限,自贸区率先实现了外币存款利率完全市场化。拓宽了企业举借境外资金的渠道,缓解了境内银行的资金压力,有效降低了区内企业的融资成本。通过优化私募股权基金境外投资审批流程,以备案替代审批,大幅提高了企业投资效率。截至 2015 年 4 月,上海自贸区已有 17 家金融机构启动了 FT 账户金融服务,共为区内和境外主体开立了近 1.25 万个账户,跨境结算量达到 1 403 亿元,境内结算量达到 1 743 亿元。下一步资本账户的自由兑换的先行先试、扩大人民币的跨境双向流动以及支持民营资本设立金融机构将会是自贸区金融创新的重点内容。

(1) 离岸金融

上海自贸区的金融创新将进一步增强上海金融市场的开放度和国际化水平。舟山应当充分利用毗邻上海自贸区的巨大区位优势,借助于上海自贸区的金融机构,促进离岸金融业务发展,建立融资与投资、进来与出去,双向的、互动的金融联络方式,建立与国外金融市场联通的渠道。利用上海的各种离岸融资手段为区内的贸易商、物流商、生产商提供离岸贷款、发行离岸债券等低成本的融资方式,降低金融运行成本;通过上海自贸区的国际金融机构,投资于国际金融市场的存款、债券、股权、基金等金融工具。舟山的金融机构还可以通过发展离岸银行(存贷款、商业票据)、保险、租赁等提供良好的金融服务,包括人民币和外币金融产品,直接为上海自贸区的企业以及部分境外企业的分支企业提供融资服务。

(2) 融资租赁

利用上海自贸区融资租赁公司快速发展的优势,促进舟山海洋经济的发展。一方面,积极牵线搭桥,促进舟山大型船舶企业和海工装备企业利用上海自贸区的融资租赁业务降低经营成本、财务成本,有效扩大业务规模;另一方面,发展部分舟山自身的中小型融资租赁公司,服务于中小企业的融资需求,加快中小型船舶企业及海工装备配套企业的发展。

(五) 制度对接

1. 上海自贸区可复制改革试点经验

2015 年 1 月 29 日,国务院发布的《关于推广中国(上海)自由贸易试验区可复制改革试点经验的通知》总结了自贸区改革创新的七大类 34 项经验,将在全国范围内推广。

投资管理领域,包括外商投资广告企业项目备案制、涉税事项网上审批备案、税务登记号码网上自动赋码、网上自主办税、纳税信用管理的网上信用评级、组织机构代码实时赋码、企业标准备案管理制度创新、取消生产许可证委托加工备案、企业设立实行“单一窗口”9 项。

贸易便利化领域,包括全球维修产业检验检疫监管、中转货物产地来源证管理、检验检疫通关无纸化、第三方检验结果采信、出入境生物材料制品风险管理 5 项。

金融领域，包括个人其他经常项下人民币结算业务、外商投资企业外汇资本金意愿结汇、银行办理大宗商品衍生品柜台交易涉及的结售汇业务、直接投资项下外汇登记及变更登记下放银行办理 4 项。

服务业开放领域，包括允许融资租赁公司兼营与主营业务有关的商业保理业务、允许设立外商投资资信调查公司、允许设立股份制外资投资性公司、融资租赁公司设立子公司不设最低注册资本限制、允许内外资企业从事游戏游艺设备生产和销售 5 项。

事中事后监管措施，包括社会信用体系、信息共享和综合执法制度、企业年度报告公示和经营异常名录制度、社会力量参与市场监督制度，以及各部门的专业监管制度 5 项。

在全国其他海关特殊监管区域复制推广的改革事项，包括海关监管制度创新和检验检疫制度创新两类。海关监管制度创新，包括期货保税交割海关监管制度、境内外维修海关监管制度、融资租赁海关监管制度等措施 3 项。检验检疫制度创新，包括进口货物预检验、分线监督管理制度、动植物及其产品检疫审批负面清单管理等措施 3 项。

2. 优化政府行政审批、管理和监管体制

浙江省出台“四张清单一张网”，推进政府简政放权方面成效显著。“四张清单”具体是指政府权力清单、企业投资负面清单、政府责任清单、省级部门专项资金管理清单；“一张网”则是指浙江政

务服务网。

2013年8月正式启动创新改革以来，舟山群岛新区大市场、大农业、大文化、大卫生等新行政体制已初具雏形。通过“大部门制改革”，舟山市委市政府的工作部门已从45个减至33个，市本级29家改革单位减少县处级领导职数46名，减少科级领导职数79名，实际收回编制160名。舟山坚持简政放权与强化服务并重，并实施了行政审批制度改革，对企业投资“简核简批”、政府项目“联审联办”、为民服务事项“就近就便”。当地全面清理行政审批事项后，保留非行政许可事项137项，减少35项。

2014年1月8日，舟山港综保区正式封关运行，舟山正式提出，将探索建立舟山群岛新区产业负面清单管理模式，推动舟山港综合保税区向自由贸易港区发展。同时试行外资准入前国民待遇和负面清单管理模式，企业投资项目“零审批”“零收费”制度改革等。

舟山还需要进一步完善行政审批、贸易监管，并且强化政府的行政执法和监管能力。

一是继续推进行政审批制度改革。借鉴上海自贸区经验，按照“法无禁止即可入”的原则，制定负面清单、鼓励清单，扩大投资领域，降低投资门槛，探索由前置审批向备案管理转变，打破投资准入的制度壁垒。通过建平台、授权限、并联审等措施，有效整合市、区职能部门行政审批和服务资源，逐步从多头受理变为一口受理，建立“扁平化”组织和管理框架，提升行政管理效率。

二是推进贸易和物流便利化改革。推进海关和商检部门的口岸查验区合并,实现"一次申报、一次查验、一次放行"合作试点。优化保税作业流程,继续推行通关无纸化操作、智能化卡口验放等措施,进一步提高口岸通关速度。支持企业开展保税展示交易、境内外维修、期货保税交割、融资租赁等新型业务,发展新的外贸增长点。

三是强化行政执法和监管职能。在弱化行政审批职能的同时,强化事中、事后监管,重点是加强城市管理、市场监管、企业安全监管等领域的执法与监管。充分利用各种监督手段,促进审批公开透明,实行实时监控,健全问责、评价、责任追究、绩效考核等基本管理制度。建设公用信用信息平台,健全社会信用体系。

(六)舟山群岛新区对接上海自贸区的对策建议

1. 优化政府合作机制,完善招商引资政策

(1)强化部门对接机制

建立舟山发改、商务、海关、税务、金融等部门与上海相关部门的对接机制。特别是外经部门作为自贸区的牵头部门,要积极与上海对应有关部门保持密切联系,第一时间掌握动态信息。研究制定舟山市对接上海自贸区的具体实施办法和意见,明确目标任务,分解落实措施对接机制。充分发挥舟山驻沪办事处的作用,赋予其对接上海自贸区的新职能,发挥其联络上海自贸区的桥梁纽

带作用。

(2) 改进招商引资方式

着眼于逐渐提升舟山贸易集散枢纽的功能和地位,发展功能性招商、产业链招商等形式,加大对重点领域、重点项目和重点企业的推介力度,提高招商引资效率。推介舟山优势产业、区位优势、江海联运服务中心规划,提升服务水平和行政效率,积极承接上海产业转移,争取上海自贸区溢出的先进制造业、服务业项目在舟山落地。

2. 健全财税、金融等政策,促进传统产业的转型升级和新兴产业发展

一是完善扩大船舶工业转型升级专项资金、舟山市船舶产业发展基金的规模,完善其使用的针对性和有效性,用于企业培育、技术改造、技术创新、兼并重组、市场开拓、平台提升等方面的补助和奖励,尤其是对龙头企业重大产业升级项目、企业(项目)兼并重组进行重点支持,促进船舶制造和海工装备产业的发展。

二是完善财政补贴政策,鼓励市内外远洋渔业企业向基地回运自捕鱿鱼、金枪鱼、秋刀鱼等远洋水产品,对于水产品交易平台交易量超过一定规模的企业进行重点补贴。

三是支持舟山市的本地企业与上海现代大型物流企业进行合作,引进自贸区新型业态的物流企业。争取上海自贸区的世界500强企业、高新技术公司等高端企业的配送中心在舟山落地建设,成为其供应链上的配套商。吸引上海中介、咨询等服务型企业将成

本较大的人工培训环节转移到舟山开展。

3. 调整产业政策，优化产业空间布局

（1）支持本地大型企业优化空间布局

鼓励和支持企业的双向流动，让本地企业走出去，布局到上海自贸区，借助于上海自贸区平台实现更大的发展，带动舟山本地经济的国际化。具体来说，应当支持部分具有较大规模、市场竞争力强、国际化运营的企业集团把部分功能性总部迁至上海，分公司或者分支机构仍旧留在舟山。比如大宗商品交易所的功能机构可以迁至上海，承担信息、定价等功能，舟山分中心承担仓储、交割等功能。

（2）探索园区共建模式

在当前行政区经济难以有重大改变的情况下，共建园区不失为地区合作的有效途径。借助上海产业园区的品牌、管理、营销等优势，利用舟山的土地、商务成本、制造加工业优势，积极开展园区共建。采取 GDP 分成、税收分成、股权分红等长三角地区大部分共建园区普遍采用的利益共享方式，不断完善利益共享机制，推进共建园区的良性发展，带动本地园区的发展。

4. 建设航运信息和科技创新平台，服务经济转型升级

一是进一步建设航运企业集聚区、强化政策保障、开展国际合作，建设航运投资促进平台。通过不断整合航运服务公共信息资源，设立航运发展推进服务机构，建设舟山航运信息网络平台，并

且和上海自贸区的航运平台网络进行联通，合力做大做强航运信息平台网络。

二是加强对现有的科技创新园区、孵化器和研究机构等创新资源的整合，加强完善这些创新平台上学术研究的指导和创业辅导功能，建立“产品试制、咨询服务、技术支撑和资源对接”为一体的服务模式，引领打造开放性公共创新平台，建立具有开放性的使用者参与创新的流域平台网络。

五、促进浦东、舟山两大新区合作，推动海洋经济发展

浦东新区与舟山群岛新区行政级别相同，在地理位置上同处中国东部黄金海岸线与长江黄金水道的交汇处，同为东部沿海和长三角区域走向世界的主要门户。如何处理与浦东新区之间的竞合关系，找准双方合作发展的切入点和重点领域，是舟山在新一轮发展过程中需要研究解决好的重要问题。从目前国家对舟山群岛新区的定位来看，海洋经济，正是两大新区可以拓展合作、实现共赢发展的主要纽带和依托。

（一）舟山群岛新区的发展定位和比较分析

舟山是中国唯一以群岛建制的地级市，是中国海洋经济比重

最高的城市之一。舟山群岛新区的设立体现了国家的海洋发展战略。国务院在批文中特别强调舟山群岛新区作为中国海洋经济综合试验区的概念，要求舟山在海洋经济的“综合开发”上下足工夫，为全国海洋经济发展试点和海洋综合保护开发工作积累宝贵经验。同时，国务院有关部门将在规划编制、政策实施、项目安排、体制改革、机制创新等方面给予积极支持。在功能上，舟山群岛新区被定位为：浙江海洋经济发展的先导区、海洋综合开发试验区、长江三角洲地区经济发展的重要增长极。在发展目标上，舟山群岛新区将建成中国大宗商品储运中转加工交易中心、东部地区重要的海上开放门户、中国海洋海岛科学保护开发示范区、中国重要的现代海洋产业基地、中国陆海统筹发展先行区。在开发建设步伐上，浙江省的初步设想是“三年初见成效、五年形成框架、十年基本成型”。

虽然在总体定位上，舟山群岛新区与浦东新区侧重点不同。舟山群岛新区更着重海洋经济发展，而浦东新区更重视国际金融中心、国际航运中心“两个中心”建设和高新技术产业发展。但在具体发展目标上，两者除了“浦东研发，江浙制造，舟山物流”、上海国际航运中心“以上海为核心，江浙为两翼”等分工协作关系，也存在相互竞争的关系。例如，在规划目标方面，两地都瞄准世界一流港口城市；在航运产业发展方面，上海港以集装箱为主，舟山港以大宗商品为主，兼顾集装箱，同时舟山港也有望与上海港一样享受财税减免、邮轮母港、离岸金融、租赁等优惠政策；在装备制造业发展方面，浦东新区在船舶制造和海洋工程装备产业方面的规模较大，但舟山群岛新区也在重点发展海洋工程、特种船舶和船舶配套产品；在服务业发展方面，浦东新区正在加紧推进上海国际贸易中心核心功能区建设，而舟山群岛新区也在谋划建立自由贸易港。这些都要求我们努力探索两大新区在发展中可以合作的领域，实现错位发展、功能互补、互利共赢。

（二）两大新区具备合作发展潜力的主要领域

舟山群岛新区与浦东新区同处于中国三大海洋经济中心的长江三角洲海洋经济区。相比之下，舟山群岛新区拥有的港航、旅游、渔业等海洋资源非常丰富，临港工业、港口物流、海洋旅游、海洋医药、海洋渔业等产业发达，在国家各项政策的支持下，其发展前景十分广阔。而浦东新区在综合经济实力、金融和高新技术产业发展支撑方面的优势明显。双方优势互不相同，存在资源共享、错位发展的可能和巨大空间。舟山群岛新区可与浦东新区在港口航运、现代海洋产业、海洋旅游、海洋渔业、海洋科技教育、海洋生态环境等方面开展广泛合作。

1. 港口航运领域

目前，宁波-舟山港已经成为全球吞吐量最大的港。舟山港口资源优越，水深 15 米以上岸线有 200 公里，港域面积 1 000 平方公里，可建码头泊位年吞吐能力超过10亿吨，相当于目前上海港、宁波-舟山港货物吞吐量的总和。根据《浙江海洋经济发展示范区规划》，舟山群岛新区还将利用其在海岛及深水岸线方面的优势，继续建设一批深水泊位、航道和锚地，建成大宗商品国际物流基地和交易平台（包括铁矿砂、煤炭、石油、粮食、化工品等）。这意味着舟山港将在未来作为中国构建亚洲物流链的核心港的重要环节，成长为“亚洲大港”。此外，舟山群岛新区正在开辟六横、金塘等港区为一级航运开放口岸，支持符合条件的地区按程序申请设立海关特殊监管区域，成为浙江省继宁波梅山保税港区之后的第二个保税港区。

从总体看，在“上海为中心、江浙为两翼”格局下，上海航运中心的地位会进一步巩固。但从远期看，随着舟山港口由中转储运向综合物流港转变，洋山港的地位可能会受到冲击，货物吞吐量不排除被舟山港分流的可能。

浦东新区需要进一步凸显在集装箱运输方面的优势，舟山则要凸显在大宗货物运输储存交易方面的优势，进一步形成“集装箱在浦东、大宗货物在舟山”的发展格局。同时，要积极争取上海组合港管委会的支持，制定长三角港口发展总体规划，推动双方政府港口主管部门及港口企业就货物、航线、技术开发项目、集疏运体系建设、资本运作等合作事宜进行洽谈，建立战略合作关系。

2. 现代海洋产业领域

在现代海洋产业方面，舟山群岛新区将加快建设船舶、海洋旅游、现代渔业、临港石化和大宗物资加工等产业集群，努力建成国内重要的造船基地、船舶修理基地和船舶工业新型工业化示范基地，并积极培育临港装备、海洋生物、新能源和海水综合利用等战略性新兴产业，重点突破海洋工程，建设全国一流的现代海洋产业基地。其中在能源方面，《浙江海洋经济发展示范区规划》提出，综合开发风能、潮汐能、波浪能、太阳能等新能源，培育相关制造业，成为我国海洋新能源综合开发利用重地。

这就要求浦东新区努力巩固在海洋工程装备领域的优势，鼓励海洋工程装备企业加快制造配套设备自主化的进程，尽快掌握设计能力和总装集成能力，同时加强与舟山的合作，利用舟山群岛土地资源的优势，将一部分因土地指标限制而无法落地的装备制造业项目落户到舟山，在条件成熟时以浦东临港地区为核心，在舟山建立浦东-舟山临港装备产业园；另一方面，要发挥浦东自身在科研、产业方面的优势，大力发展海洋高新技术产业，特别是要和舟山合作建设科研成果的产业化基地，要利用舟山在海洋资源、土地资源方面的优势，招引海洋生物医药、海水淡化和综合利用、海洋能源开发、海洋高端装备制造和现代海洋服务业方面的国家级企业和重大项目落户，推进上海临港-舟山海洋高新技术产业化基地建设。另外，要利用自身在海上风电设备、海洋能设备、核电设备制造和海上风电场建设的优势，鼓励企业参与舟山群岛的海洋油气开发、海上风电场和新能源示范岛建设，舟山也应出台相应的政策，吸引上海企业参与建设。

3. 海洋旅游领域

舟山的海洋旅游资源非常突出，境内有两个国家级风景名胜区（中国佛教名山“海天佛国”普陀山、“南方北戴河”嵊泗列岛），其中普陀山被评为全国首批5A级景区，有两个省级风景名胜区（岱山、桃花岛），经常举办舟山国际沙雕节、海鲜美食节、观音文化节等活动，有“东方夏威夷”“南方北戴河”之称，其发展目标是建设群岛型花园城市，成为国际佛教文化旅游胜地和海洋休闲度假旅游目的地。同时，《浙江海洋经济发展示范区规划》又提出，要在普陀山—朱家尖—桃花岛地区实施特殊的旅游政策，发展邮轮经济。

为此，舟山要充分利用独特的旅游资源，发展自身的海洋旅游业。一方面，上海要推动芦潮港客运码头升级、增设至舟山的旅游专线；另一方面，舟山也要利用舟山群岛新区规划建设邮轮母港的有利条件，吸引游客从舟山赴浦东旅游，从而带动海上旅游、海上体育、海洋文化体验等新兴高端海洋文化旅游产业的发展。

4. 海洋渔业领域

舟山素有“东海鱼仓”和“祖国渔都”之美称。海域内盛产鱼、虾、贝、藻类等海水产品500多种，主要以虾峙镇渔产量为主。渔业年产量在120万吨左右，是全国最大的渔场。近年来先后荣获了“中国渔都”“中国海鲜之都”的荣誉称号。《浙江海洋经济发展示范区规划》提出，要加大对远洋渔业和国内海洋捕捞业转型升级扶持力度，打造全国领先的远洋渔业基地，提升精深加工水平，健全现代渔业产业体系，成为“渔业强市”。

相比之下，浦东新区的海洋渔业资源不足。一方面，浦东新区可以鼓励上海海洋大学等科研机构与舟山群岛新区开展产学研合作，将其在渔业捕捞等方面的先进技术和成果在舟山推广应用；另一方面，可以推动芦潮港等地的渔民、渔政机构开展与舟山嵊泗等地的合作，利用舟山的渔业资源，积极发展海产品仓储、加工、销售等产业，同时推动远洋渔业发展。

5. 海洋科学教育领域

在建设海洋科教基地方面，《浙江海洋经济发展示范区规划》提出，高水平推进建设舟山海洋科学城，加大中国科学院舟山研究中心、浙江大学舟山研究中心、摘箬山科技示范岛等海洋科技创新平台和海洋科技创新引智园区、舟山海洋高新技术产业园、浙江海洋开发研究院等海洋科技成果转化平台建设力度，扶持建设一批海洋科研中试基地和孵化器，支持国家重大海洋科研成果转化落地，构筑我国新兴海洋科技研发转化重地。

浦东新区拥有上海海洋大学、上海海事大学、中国极地研究中心、上海海洋科学研究中心等海洋科研机构，又有上海临港海洋高新技术产业化基地等海洋科技产业化平台。一方面，浦东新区可鼓励浦东的高新技术科研机构和产业园区与舟山正在规划建设的中国舟山海洋科学城、中国海洋科技创新引智园、摘箬山海洋科技示范岛、舟山海洋高新技术产业园区等进行对接合作；另一方面可通过举办“浦东-舟山海洋论坛”等形式搭建浦东新区与舟山群岛新区之间的海洋科技合作交流平台，促进资源共享和海洋高新技术产业对接，提高海洋科技成果转化率和产业化应用程度。

6. 海洋生态环境保护领域

海水是流动的，因此在治理海洋环境污染、防治海洋灾害方面必须进行跨区域的合作。浙江是全国海洋保护区数量和面积最多的省份之一，也是全国出台海洋环境保护法规、规章和规划最多的省份之一。而上海在海洋环境保护条例制定方面相对落后。

洋山港虽然属于浙江舟山的海域，但现由上海进行经营管理。浦东新区一方面要借鉴浙江海洋生态环境管理的先进经验，与舟山群岛新区合作开展洋山港海域的生态环境监测和海洋污染治理，为上海航运中心建设的顺利推进提供强有力的支撑保障；另一方面，也可以鼓励企业和个人参与舟山金塘岛、六横岛、衢山岛、舟山本岛、岱山岛、泗礁岛、朱家尖岛、洋山岛、长涂岛、虾峙岛等诸多海岛的开发利用和海洋环保产业发展，拓展浦东新区的发展空间。

（三）两大新区合作发展海洋经济的政策建议

海洋经济既是舟山群岛新区发展的重点和核心优势，也是浦东新区未来经济发展的潜力所在，是浦东新区在新一轮区域竞争中实现跨越式发展的重要途径，同时也是舟山未来发展的核心产业资源。根据舟山群岛新区的发展规划，并结合浦东新区海洋开发利用的实际情况，提出以下政策建议：

1. 主动对接，搭建合作平台

要实现与舟山群岛新区的错位发展，建议舟山的海洋、航运、渔业、综合保税区、旅游、经济管理等各部门要主动开展与浦东新区的对接，及时关注并掌握浦东新区的开发动态，找准双方合作发展的切入点，争取签订合作框架协议。同时，通过举办“浦东-舟山海洋论坛”等形式，搭建长三角地区海洋经济、海洋科技交流合作发展的平台，促进信息共享、人才流动、技术交流、资源互补和创新互动，加快海洋区域经济的融合与合作，发挥上海在长三角地区海洋经济发展中的龙头作用和舟山海洋资源的优势。

2. 加大对海洋战略新兴产业发展的政策扶持力度

与舟山群岛新区相比，浦东新区发展海洋战略新兴产业，既有多样化海洋资源汇聚的优势，又具高端生产力要素集约优势，但缺乏扶持政策，也缺乏土地空间资源。习近平总书记视察舟山以后，引来了新一轮的发展契机，建议舟山与浦东新区共同设立专项发展资金等形式，进一步加大对海洋工程装备产业、海洋生物医药、海水淡化和综合利用、海洋能源开发、海洋高端装备制造和现代海洋服务业的扶持力度，招引国家级重点企业和重大项目落户，并推进上海临港海洋高新技术产业化基地等园区建设进度，以进一步凸显浦东新区在高端海洋产业方面的优势地位，提升能级，形成“浦东研发，舟山制造”的发展格局。

3. 争取设立特别合作区，实现优势互补

舟山虽然具有丰富的海洋资源和广阔的发展空间，但毕竟是海岛型城市，远离陆地，陆路交通联系不便，产业基础薄弱，水资源缺乏，人才短缺。其发展规划目标气势恢宏，项目众多，体量巨大，但要全部实施将面临资金、技术、人才短缺等各种难题。而浦东新区已经开发开放20多年，在金融、高新技术、高端人才等方面都具有相当优势，但进一步发展面临着人口、土地、资源、环境的硬性制约。建议浦东新区政府借鉴"深汕特别合作区"的经验，以飞地合作的形式参与舟山群岛新区的开发。由浦东新区在舟山群岛新区设立特别合作区，舟山群岛新区承担社会管理责任，同时将经济权限和部分产值、收益归浦东。或者，浦东新区也可以鼓励产业园区、企业集团通过资本运作，以持股的方式参与舟山群岛新区的开发。如果合作成功，浦东新区可以利用舟山丰富的自然资源来拓展自身的发展空间，同时舟山群岛新区也可以加快开发建设进程，缩短与其他发达地区的差距，从而实现双赢。

六、舟山新区“十三五”期间扩大开放的思路对策与重点项目

（一）扩大开放对舟山新区突破性发展具有重大意义与关键作用

《浙江舟山群岛新区发展规划》中明确提出，顺应经济全球化、贸易自由化大趋势，全方位提高对外开放水平和层次，加快建设舟山港综合保税区，条件成熟时探索建立自由贸易园区和自由港区，将舟山群岛新区建设成为我国重要的海上开放门户。

新区区位条件独特，是长江经济带战略支点，也是海上丝绸之路重要节点。一方面，21 世纪海上丝绸之路建设需要一个海洋经济开放区；另一方面，长江经济带战略需要一个海上开放门户和战略支点。新区具备扩大开放的独特优势、最佳条件和必备基础。舟山

“船小好调头”，实施开放政策风险最低，同时作为我国唯一深入太平洋的城市，群岛型环境自然封隔，监管成本低，对内地产生冲击小。扩大开放是一种突破性的政策资源，有利于舟山新区集聚资源和人才。新区可以通过扩大开放走出一条周边地区不可模仿和难于竞争的发展道路，并对周边地区发挥带动引领作用，成为区域发展的增长极。

（二）舟山新区“十三五”期间扩大开放的发展目标

扩大开放是舟山新区“十三五”期间发展的主线，需要结合舟山特殊定位，实现扩大开放的六大目标：

（1）成为21世纪海上丝绸之路的“海洋经济自由开放区”；

（2）成为长江经济带的海上开放门户；

（3）建成江海联运服务中心“自由港”；

（4）建成以石油为主的大宗战略商品储备加工交易为特色的“自贸区”；

（5）建成独具特色的国际海洋科技创新创业的“自由开放区”；

（6）建成国际性海岛旅游与海洋观音文化中心。

（三）舟山新区“十三五”期间扩大开放的对策与重点项目

“十三五”期间，舟山新区要加快构建开放型经济新平台，推动产业链和国际分工向高端迈进。立足新区现有开放基础，结合其他新区开放经验，实现若干具有突破性的扩大开放举措。

1. "十三五"期间舟山新区扩大开放的对策

(1) 确定新区开放路径

"十三五"期间，国家沿海—沿边—内陆全方位开放格局加快形成，国家级新区将呈现一省(市)一新区的格局；而来自自贸区的政策落差，致使优质要素资源外流，新区竞争力不断下降。在此期间，新区应立足更高层次推动改革创新，可以在综保区继续复制推广自贸区经验基础上，以江海联运服务中心搭建开放新平台，继续申报自由贸易港区，推进新区全面开放。

(2) 担当国家战略使命

围绕建设海洋强国战略，勇于担当 21 世纪海上丝绸之路、长江经济带战略使命，建设我国东部海上开放门户。服务国家经济安全需求，充分发挥新区区位、港口优势，进一步提升港航物流服务能力，着力打造我国大宗商品储运中转加工交易中心，在保障国家战略物资储备基础上，突破商业储备限制，"以商养国"。

(3) 推进重点产业发展

围绕建设具有国际竞争力的现代海洋产业基地，加快培育海洋新兴产业，大力发展海洋服务业，重点推动远洋渔业，邮轮、游艇产业，航运服务业，海洋旅游业，海洋新能源产业，海洋信息产业发展。力争通过 5—10 年努力，形成新区船舶修造、港航物流、水产品加工、休闲旅游、健康服务、绿色石化等千亿级(或接近千亿级)

重点产业集群。

(4) 促进区域合作交流

舟山位于21世纪海上丝绸之路与长江经济带连接的关键位置,可充分利用区域合作交流这种突破性的开放资源,深入打造东部地区海上对外开放门户。一是发展海洋文化产业,通过与东亚、东南亚地区相通的海洋文化,加强与相关国家地区的经济交流合作;二是发展观音文化,打造世界观音文化道场;三是推进区域一体化,借助宁波-舟山港一体化平台,深入开展对内合作交流。

2. “十三五”期间舟山新区扩大开放的10个重点突破项目

(1) 谋划自由贸易港建设

立足新区规划,积极谋划建设自由贸易港,以最高标准的开放目标推动江海联运服务中心和新区实现全面开放要求。实现原油储备与交易、海事服务、商贸服务、金融服务、健康医疗、旅游休闲等领域的对外开放。深化推进综保区和大宗商品交易中心复制推广自贸区经验。提升综保区(冷链)物流配送能力,全面推动“海外仓”项目落地,争取跨境电子商务进口试点,突破大宗商品现货保税交易政策,探索大宗商品期货、期权交易。进一步扩大口岸开放范围,创新用地用海管理体制机制等。

(2) 发展石油储备与交易

放开石油储备尤其是商业储备的投资建设,坚持战略石油储备与商业储备联动、储备和经营分开的原则。力争石油储备能力“十三五”期内达到5 000万吨以上。待时机成熟时推出舟山石油价格指数。开展保税货物利用保税仓库在完成进口报关前进入交割环节，不必先行办理报关手续、缴纳进口关税和相关税费。打造离岸石油金融衍生品市场。

(3) 加快建设石油加工产业

“十三五”期间，新区要基本建成民营绿色石化基地。“十三五”期间，新区要勇担使命，突破石化行业投资限制，加大民营资本话语权，争取相关财政税收政策，加快发展绿色石化产业，建成千亿级以上产值产业群。

(4) 提升水产品及粮油精深加工产业

探索将综保区政策延伸覆盖至西码头母港。积极争取跨境电子商务进出口政策。成立母港口岸服务中心，实行一站式服务。制定远洋渔业水产品货物分类标准。打造“中国(舟山)水产品进出口交易中心”，力争形成远洋水产品的舟山价格指数。建设国际粮油、水产品及农副产品集散中心，提升水产品及粮油加工产业水平。

(5) 重点发展一批海岛旅游设施

包括交通运输设施、食宿接待设施、游览娱乐设施和旅游购物设施等，使舟山旅游成为一年四季和全天候旅游。利用国际海岛旅游大会，打造永久性海岛旅游基地。打造中国(舟山)海上游乐公园。集中打造一个海岛旅游特色小镇。

(6) 大力发展邮轮、游艇产业

争取邮轮无目的地公海游、沿海游、环岛游、落地签等政策突破，突破低空飞行管制，突破邮轮外资投资股比限制，探索邮轮保税仓库申请制度。逐步实现邮轮旅游和旅行社团队入境免签证，建设对台直航邮轮码头，设立免税商店，建立包括码头、仓库、交易区三合一的舟山保税旅游商品交易区和对台交易区，按国际惯例实行游客离岛退税政策。争取舟山海岛海域的游艇使用开放，实现岛际及岛域航行，突破游艇航行水域限制，探索建设水上游艇保税仓库。游艇数量力争达到 5 000 艘以上。

(7) 扩大航运服务业开放

一是重点突破船舶登记政策，吸引符合条件的中资“方便旗”船舶、境外登记的中资船舶在舟山登记；二是重点突破长江沿线港口到舟山港的启运港退税政策，构建长江经济带及浙江五港一体化大通关体制；三是实施航运服务负面清单管理制度，推动沿海航运权与内河航运权对外开放。支持加快制定、实施统一的江海直达船型、船员配置、安全、货运、物流等航运规范。扩大保税燃料油加注为主的国际海事服务业务，加快推进舟山 LNG 港的论证。争取将“宁波海事法院舟山法庭”升级为“海事法院分院”。

(8) 实现海洋科技创新创业政策突破

依托海洋科学城平台，打造中国(舟山)海洋科技创新创业基地，使之成为新区重大基地之一。制定海洋科技国际创新创业的突破性政策。对于涉海类科技创业项目，根据需要协调提供海域、滩涂、码头等资源；改革科技成果转化制度，引入科技成果市场化定价机制；完善专业人才双向流动制度，加大高端紧缺人才股权激励力度；建立产学研联盟，完善市场网络。

(9) 将普陀山机场建成国际机场

新区“十三五”时期国际事务、国际客流会更多，普陀山机场需要扩能改造。可以考虑先开通港澳台-舟山航线，接着打通日韩-舟山航线，再进一步加密通向世界主要城市的干线航班，逐步提高普陀山机场开放水平和层次。此外，同时关注发展直升机、水上飞机和商务飞机等通用航空。

（10）完善连岛大桥工程

舟山承担国家江海联运服务中心战略使命，需要完善基础交通配套建设。“十三五”期间，新区需要继续推进连岛大桥工程，启动连通岱山、衢山大桥建设，争取国家长江经济带基金、海丝基金、亚投行等资金，支持列入国家相关路网规划，并给予建设资金补助，以此强化舟山、宁波、上海三地快速客货运通道联系，形成北接上海、西接宁波的环杭州湾交通大格局，完善新区对外开放陆路大通道。

3. “十三五”期间舟山新区扩大开放的主要领域

（1）航运枢纽领域

一是基础设施。完善航运基础设施建设，优化港口空间布局，推进专业化码头建设，拓展港口物流功能，集中打造江海联运核心港区，谋划建设小洋山北侧区域集装箱内支线泊位，开辟内支线及内贸航线，研究建设大洋山作业区专业集装箱泊位。

二是航运企业。加快培育航运龙头企业，放开航运企业投资领域限制，促成港、航、货战略联盟，提升航运服务能级，探索开展江海联运航运指数、新造船舶价格指数等编制和交易。

三是航运信息。加快发展海洋信息产业，建立江海联运公共信息平台。重点打造集货源、交通、物流、港口、口岸、金融、信息、信用及气象等于一体的公共服务平台,服务江海联运。利用舟山在世界万维网中节点位置,谋划推进舟山信息节点项目,创建智慧城市。

四是其他配套。继续探索负面清单管理,推动航运产业转型升级。立足宁波-舟山港一体化平台、江海联运服务中心平台,构建新区扩大开放行政体制机制新优势,探索通过财政补贴、政府采购、税收减免、税收返还等措施,支持港航物流服务业发展。积极发展航运金融、国际船舶运输、国际船舶管理、国际航运经纪等产业。简化国际船舶运输经营许可流程,形成高效率的船籍登记制度。

(2)海洋产业领域

一是海洋渔业。远洋渔业方面,主动纳入国际远洋渔业生产贸易体系,建设泛太平洋远洋水产品产地集散交易中心,加强远洋渔业境外基地打造,建设有重大影响力的远洋渔业劳动力供应市场,突破引进外籍船员试点工作,成立远洋渔业国际劳务公司。传统渔业方面,加快第一产业转型升级,大力发展近海休闲渔业,打造长三角地区最大休闲渔业基地,突破配套服务业、金融业等限制,解决渔船过剩与近海渔业资源枯竭之间的矛盾问题。

二是船舶修造业。重点提升船舶修造产业,建设亚太地区重要船舶(特别是远洋渔船)修造基地,建设邮轮、游艇交易中心,整合临港装备制造业相关市场资源,做大装备制造业市场空间,探索建立国际化的临港装备首台(套)保险补偿机制。创新军民合作机制,大力承接军事工业,重点突破军用船舶、军用海洋装备、军工电子等产业的军地协同发展限制,积极促进军民技术双向应用。

三是海洋旅游业。保障重点旅游项目用地供给,旅游项目土地出让金收益按一定比例用于符合规定的旅游发展项目。打造舟山体育大事件项目,培育1—2个有重大国际国内影响力的体育大事件项目,例如舟山环岛自行车赛、舟山国际环岛帆船赛等。推动新区娱乐博彩业进一步开放。创建舟山海洋卫视。

四是新能源产业。制定新区经济优先发展产业指导目录,下放审批权,并给予相关财税优惠,放宽外商投资比例限制,以推进舟山海洋新能源产业建设,例如衢山风力发电项目、潮汐能项目等。

(3)现代服务领域

一是涉外服务。集中建设一批涉外机构。“十三五”时期,在国际邮轮港、江海联运服务中心、海岛旅游大会等项目的带动下,国际客流、货流、资金流等将会大幅增加。新区需要集中建设一批涉外机构,包括21世纪海上丝绸之路国际论坛、外资旅行社、中外合资船舶管理中介、外商独资娱乐场所等,加强与国际海洋组织合作联系,争取在舟山建设分支机构等。

二是金融服务。大力构建新区海洋金融链服务体系,助力化解新区经济下行压力、培育全省新的经济增长极。主要措施有:复制自贸区融资租赁开放政策,重点打造国际海洋装备融资租赁服务中心。进一步放宽对新区金融机构准入门槛和金融产品创新限制,支持新区建设海洋民营银行,推动与海洋产业关联的互联网金融业态发展，创新开展海洋产业离岸金融业务，允许外资银行设立分支机构等。

三是健康服务。依托海洋旅游资源，设立舟山健康产业先行区。重点发展健康医疗产业、高端养老养生产业、健体康体产业，突破外商投资限制，引进外资优质医疗资源，设立外资医院，建设全国知名的养老养生基地、户外健身运动基地等。

图书在版编目(CIP)数据

关于舟山群岛新区"十三五"若干重大战略问题研究/孙福庆编著.—上海：上海社会科学院出版社，2018
ISBN 978-7-5520-2412-8

Ⅰ.①关… Ⅱ.①孙… Ⅲ.①区域经济发展—舟山—2016-2020 Ⅳ.①F127.553

中国版本图书馆CIP数据核字(2018)第179448号

关于舟山群岛新区"十三五"若干重大战略问题研究

编　　著：孙福庆
责任编辑：董汉玲
封面设计：周清华
出版发行：上海社会科学院出版社
上海顺昌路622号　邮编200025
电话总机021-63315900　销售热线021-53063735
http://www.sassp.org.cn　E-mail:sassp@sass.org.cn
排　　版：南京展望文化发展有限公司
印　　刷：常熟市大宏印刷有限公司
开　　本：710×1010毫米　1/16开
印　　张：8.25
插　　页：2
字　　数：82千字
版　　次：2018年8月第1版　2018年8月第1次印刷

ISBN 978-7-5520-2412-8/F·531　定价：50.00元